Joe Hyams begann 1952 als einer der ersten Schüler Ed Parkers im Kenpo-Karate mit dem Studium der Kampfkünste. Neben acht weiteren Kampfkunst-Disziplinen trainierte er mit Bruce Lee Jeet Kune Do. Er trägt einen schwarzen Gürtel in Karate und übt heute noch Wing Chun. Daneben ist er ein passionierter Fechter, Flieger und Rennfahrer.
Seine Laufbahn als Journalist begann Joe Hyams als Kriegsberichterstatter der US-Armee im Südpazifik während des Zweiten Weltkrieges. 1951 ging er zur *New York Herald Tribune* und wurde schon bald als Chef des Westküstenbüros nach Hollywood entsandt. Schon nach einigen Monaten zählte er zu den bekanntesten Kolumnisten der Zeitung, mit mehr als 3000 Artikeln auf seinem Konto. Ein Jahrzehnt lang war er der höchstbezahlte Magazinautor der Welt. Seine Artikel erschienen in fast jeder großen Zeitschrift. Darüber hinaus hat er 26 Bücher geschrieben, von seiner Autobiographie *Mislaid in Hollywood* bis zu *Bogie*, der Bestseller-Autobiographie von Humphrey Bogart. Er hat drei Tennisbücher geschrieben, zwei seiner Bücher wurden verfilmt. Zahlreiche Drehbücher und zwei Romane stammen aus seiner Feder: *The Pool* und *The Last Award.*
Der Autor ist verheiratet mit Elke Sommer und lebt in Beverly Hills, Kalifornien.

Kenneth McGowans Fotografien wurden auf Ausstellungen im Museum of Modern Art, in der Galerie Leo Castelli in New York und in der Sammlung Green in Tokio gezeigt. Seine Fotos wurden international im *Zoom Magazine* (Paris), *Camera Mainichi* (Tokio), *Foto* (Stockholm) und *Art Forum* (USA) veröffentlicht.

Doug Coders Fotografien waren in Galerien in Los Angeles und in verschiedenen Universitäten zu sehen.

Ken und Doug haben hier erstmals gemeinsam die Bebilderung eines Buchs übernommen.

Esoterik

Herausgegeben von Gerhard Riemann

Deutsche Erstausgabe Juni 1991

Titel der Originalausgabe »Zen in the Martial Arts«

Originalverlag J. P. Tarcher, Inc., Los Angeles
Umschlaggestaltung Peter F. Strauss
Satz DTP (Ventura Publisher 2.0) br
Druck und Bindung Ebner Ulm
Printed in Germany
2 4 5 3 1
ISBN 3-426-04257-6

Joe Hyams

DER WEG DER LEEREN HAND

Zen in den Kampfkünsten

Aus dem Amerikanischen
von Thomas Poppe

Mit Fotos von Kenneth McGowan
und Doug Coder

Knaur

Überreicht von:

Volker

an:

Holger

zur Erlangung des Orangegurtes

am 18. Mai 1994.

Volker

Für Pat Strong, der mich viele Jahre lang in jeder Phase meiner Ausbildung in den Kampfkünsten geduldig und weise angeleitet hat. Als Musterbeispiel des vollendeten Kampfkünstlers war er mir stets ein Vorbild.

Und für meine Frau Elke, die meine Verbundenheit mit den Künsten nie ganz verstand, mich aber trotzdem stets unterstützt und ermutigt hat.

INHALT

EIN WORT DES DANKES

In diesem Buch habe ich fast alle Meister vorgestellt, bei denen ich im Laufe der letzten 25 Jahre studiert habe. Es wäre gedankenlos von mir, wenn ich den folgenden nicht meinen besonderen Dank aussprechen würde.
Bob Phillips, der zwar nicht die Kampfkünste pflegt, dafür aber die Gesinnung, das Kämpferherz und die Fairneß besitzt, die jeden echten Sportsmann auszeichnen; Bernie Bernheim, der mit siebenundfünfzig Jahren das Karate-Training aufnahm und mit einundsechzig den schwarzen Gürtel erhielt – wer glaubt, die Kampfkünste seien nur jüngeren Menschen vorbehalten, für den ist er Anstoß und Inspiration; Emile Farkas für wertvolle Anregung und Kommentar zu diesem Buch; Stan Schmidt aus Johannesburg – im Herzen Südafrikas betreibt er einen Dojo, der schon viele Weltmeister hervorgebracht hat; und schließlich Larry Tatum, der mir freundlicherweise erlaubt hat, von Zeit zu Zeit mit seinen Schülern in Ed Parkers Dojo in Santa Monica, Kalifornien, zu trainieren.

ZEN IN DEN KAMPFKÜNSTEN

Mehrere hundert Bücher sind schon über die Ausübung der fernöstlichen Kampfkünste geschrieben worden, aber nur eine Handvoll davon widmet sich der Bedeutung von Zen in den Kampfkünsten. Das ist ein bedauerliches Versäumnis, denn die Kampfkünste in ihrer höchstentwickelten Form sind viel mehr als nur der Wettkampf zweier Gegner auf physischer Ebene oder gar ein Mittel, einem anderen Menschen den eigenen Willen aufzuzwingen oder ihm Schaden zuzufügen. Für den wahren Meister sind Karate, Kung Fu, Aikido, Wing Chun und die anderen Kampfkünste in ihrer eigentlichen Bedeutung vielmehr Zugangstore zu seelischer Harmonie, innerem Frieden und tiefem Selbstvertrauen.

Gleichwohl habe ich die Kampfkünste mehrere Jahre lang studiert, bevor sich mir diese innere Wahrheit erschloß. Wie die meisten Schüler verbrachte ich die erste Zeit meiner Ausbildung mit dem Erlernen und Verfeinern komplexer Körpertechniken und Bewegungen. Nur gelegentlich ließ ein *Sifu* (»Ausbilder«) durchblicken, daß es da noch andere Lektionen gebe, die zu meistern sind.

Als ich 1952 mein Karate-Studium begann, hatte ich natürlich nicht die Absicht, mich mit Zen, geschweige denn einer anderen spirituellen Lehre zu befassen. Nichts lag mir ferner. Wenn mir damals jemand gesagt hätte, wohin mich mein Weg eines Tages führen würde, hätte ich das wohl als Nonsens abgetan: Zen und Mystik waren für mich ein und dasselbe, und ich brüstete mich damit, ein Pragmatiker zu sein. Erst nach mehreren Trainingsjahren kam ich zu der Erkenntnis, daß der innere Sinn der Kampfkünste darin liegt, die innere spirituelle Entwicklung des Menschen voranzutreiben.

Im Orient des sechzehnten Jahrhunderts, als der Bedarf an Erfahrung im Kampf nachließ, erinnerte man sich wieder an den Wesenskern der Kampfkünste. Die Kampfkünste wandelten sich auf breiter Front von einer praxisbezogenen Lehrmethode für den Kampf um Leben und Tod zu einer spirituellen erzieherischen Ausbildung, die mehr Wert auf die persönliche Entwicklung legte. Die Kunst des Schwertkampfes, *Kenjutsu*, wurde zu *Kendo*, zum »Weg des Schwerts«. Schon bald erhielten andere Kampfkünste die Endung *-Do*, was soviel heißt wie »Der Weg« oder noch genauer »Der Weg zur Erleuchtung, Selbstverwirklichung und Erkenntnis«. Neben anderen Disziplinen und in unterschiedlichem Maße findet sich dieses Element in den Kampfkünsten Aikido, Judo, Karate-Do, Tae Kwon Do, Hapkido und Jeet Kune Do.

Die Rolle von Zen in den Kampfkünsten widersteht einer handlichen Definition, weil Zen keine eigene Theorie besitzt. Es handelt sich vielmehr um eine Art direkter Wahrnehmung, für die es kein klar formulierbares Dogma gibt. Zen in den Kampfkünsten legt weniger Wert auf die Kraft des Intellekts und betont statt dessen die Kraft intuitiven Handelns. Sein höchstes Ziel ist es, den einzelnen von Aggression, Verblendung und falschen Leidenschaften zu befreien.

Nur schrittweise und auf verschlungenen Wegen kann der Schüler mit Zen in den Kampfkünsten in Berührung kommen. Als ich zu dieser Erkenntnis kam – jeder wahre

Meister der Künste ist mit ihr vertraut –, begann ich, Notizen über meine Erfahrungen zusammenzutragen. Während der letzten zehn Jahre war *Der Weg der leeren Hand* die grandiose Geschichte am fernen Horizont, das Buch, das mir am meisten am Herzen lag. Aber immer gab es da noch einen Meister, bei dem ich lernen wollte, noch eine Disziplin, die es zu meistern galt, bevor ich mich dazu bereit fühlte.
Dies soll jedoch kein Buch für Leser sein, die Zen erlernen wollen, denn die wesentlichen Konzepte dieser Tradition lassen sich sicherlich nicht dem geschriebenen Wort entnehmen. Noch soll man hier von mir erwarten, daß ich dem Leser beibringe, wie er all die spektakulären Heldentaten der Kampfkünstler vollbringen kann – wie er Bretter und Ziegelsteine mit bloßen Händen zerklopft und mühelos mehrere Gegner zugleich aufs Kreuz legt. Dieses Buch kann dabei helfen, die Prinzipien des Zen, die sich in den Kampfkünsten widerspiegeln, im Alltag anzuwenden und damit eine Quelle innerer Kraft anzuzapfen, deren Existenz der Leser nicht einmal im Traum vermutet hätte.
Meine eigene Beschäftigung mit den Kampfkünsten begann im Jahre 1952, als ich als Kolumnist der *New York Herald Tribune* in Hollywood arbeitete. Ich pflegte eine sitzende Lebensweise, war fett, hektisch und ruhelos, schnell gelangweilt und ständig auf der Suche nach neuen Abenteuern. Ich hatte keine klare Vorstellung von mir selbst und von meinem beruflichen Weg. Schlimmer noch: Ich war ängstlich, von »Autorität« leicht einzuschüchtern, unsicher und aggressiv, um meine Unsicherheit zu kaschieren. Tag für Tag führte ich Interviews mit Filmstars, von denen viele jünger waren als ich. Weil ich ihnen den Erfolg oft neidete, bestand meine Interviewtechnik häufig darin, sie zu piesacken, bis irgend etwas Zitierfähiges dabei heraussprang.

Eines Tages durchschaute Bronislaw Kaper, Filmkomponist und Oscar-Preisträger, meine Tricks und schlug mir vor, Karate zu studieren. »Die Übungen könnten dir helfen, ein bißchen abzunehmen und einige deiner Aggressionen auszuschwitzen.« Zu jener Zeit war Karate etwas Neues auf der Bühne Hollywoods und wurde als exotische asiatische Kampfart angesehen. Von Ideen wie Bewußtwerdung, Selbstkontrolle und erweiterter Wahrnehmung hatte man damals noch nichts gehört. Erst in jüngster Zeit sind wir zu einer Einsicht über die Beziehung zwischen körperlicher Aktivität und persönlichem oder spirituellem Wachstum gelangt.
Als Kaper für mich die erste Lektion bei Karate-Meister Ed Parker arrangierte, akzeptierte ich mit einem Hintergedanken: Selbst wenn ich nichts bei ihm lernte, würde immer noch genug Material für mehrere Zeitungskolumnen abfallen, weil eine ganze Handvoll von Stars bei Parker studierten, u. a. auch Elvis Presley.
In einer Gesundheitsfarm in Beverly Hills lehrte Parker damals Kenpo-Karate, eine amerikanische Form des chinesischen Boxens. Bei unserer ersten Begegnung sagte er zu mir: »Ich werde Ihnen meine Kunst nicht *vorführen*, ich werde sie mit Ihnen *teilen*. Wenn ich sie Ihnen *zeige*, wird sie zur oberflächlichen Show und nach und nach so weit in Ihren Hinterkopf verbannt, daß sie nutzlos verlorengeht. Wenn ich sie mit Ihnen *teile*, wird sie nicht nur für immer Ihr eigen, sondern auch ich mache Fortschritte.«
Schon bald erkannte ich, daß die Idee, auch der *Lehrer* lerne von den Lektionen, von grundlegender Bedeutung für jeden Kampfkunst-Unterricht ist. Vielleicht ist das auch der Grund dafür, daß man den Raum, in dem die Kampfkünste gelehrt werden – *Dojo* (Japan), *Dojang* (Korea), *Kwoon* (China) –, traditionell auch den »Ort der Erleuchtung« nennt.

Ein Dojo ist ein Miniatur-Universum, in dem wir Kontakt mit uns selbst aufnehmen können – Kontakt mit unserer Furcht, unseren Ängsten, Reaktionsweisen und Gewohnheiten. Er ist eine Arena begrenzter Konflikte, in der wir uns einem Gegner stellen, der eigentlich kein Gegner ist: Er ist vielmehr ein Partner, der uns dabei helfen kann, uns selbst besser zu verstehen. Es ist ein Ort, wo wir in kurzer Zeit sehr viel darüber lernen können, wer wir sind und wie wir uns in der Welt verhalten. Die Konflikte, die sich im Dojo abspielen, helfen uns dabei, die Konflikte draußen im Leben zu bewältigen. Die totale Konzentration und Disziplin, die nötig sind, um die Kampfkünste zu studieren, übertragen sich auf den Alltag, auf unser tägliches Leben. Die Aktivität im Dojo fordert uns heraus, ständig Neues auszuprobieren, deshalb ist sie auch die Quelle des Lernens – in der Zen-Terminologie eine Quelle der Selbsterleuchtung.

Nach einem buddhistischen Sprichwort kann jeder Ort ein Dojo sein. Ich habe Shotokan-Karate in einem schönen, modernen Gebäude in Johannesburg, Südafrika, studiert; Judo im Hinterzimmer eines japanischen Restaurants in London, England; Jiu-Jitsu in einer Münchner Sporthalle. Hapkido, Aikido, Tae Kwon Do und Wing Chun studierte ich jedoch hauptsächlich in Los Angeles, wo sich immer mehr Läden in Kampfkunst-Studios verwandelten. Schauplatz von Bruce Lees Lektionen im Jeet Kune Do für Drehbuchautor Sterling Silliphant und mich war die Auffahrt zu meinem Haus.

Jedem Dojo steht ein Sifu oder *Sensei* (japanisch) vor, was soviel wie »Meister« bedeutet. *Sen* bedeutet »vorher«, *sei* »geboren«. Die wörtliche Bedeutung des japanischen Wortes ist daher »einer, der vorher geboren ist«. Der Lehrer ist also jemand, der vor Ihnen geboren wurde. Das bezieht sich weniger auf das Lebensalter (einige meiner

Lehrer waren jung genug, um meine Kinder sein zu können) als auf die Weisheit des Lehrers: In spiritueller Hinsicht ist er älter als ich und deshalb mein Lehrer.
Der Sensei der Kampfkünste ist in vieler Hinsicht wie ein Zen-Meister; er hat den Schüler nicht gesucht, noch hält er ihn davon ab, ihn zu verlassen. Wenn der Schüler Anleitung beim Erklettern des steilen Pfades zur Meisterschaft braucht, dann ist der Lehrer bereit, als Führer zu dienen – unter der Bedingung, daß der Schüler seinerseits bereit ist, auf dem Weg auf sich selbst aufzupassen. Die Funktion des Lehrers ist es, dem Schüler Aufgaben zu stellen, die er zu meistern imstande ist, und ihn dann soweit wie möglich sich selbst und seinen inneren Fähigkeiten zu überlassen. Der Schüler mag in die Fußstapfen seines Meisters treten oder einen anderen Pfad wählen – die Entscheidung liegt immer bei ihm.
Zu Anfang lehrt der Meister die Technik (*Waza*), ohne über ihre Bedeutung zu diskutieren; er wartet einfach darauf, daß der Schüler die Bedeutung selbst entdeckt. Wenn der Schüler das notwendige Maß an Hingabe zeigt und der Lehrer ihn spirituell inspiriert, dann werden sich ihm schließlich tiefere Bedeutung und Wesenskern der Kampfkünste erschließen.
Obwohl man viel über Zen in den Kampfkünsten lesen kann, beruht das echte Wissen darum auf persönlicher Erfahrung. Wie erklärt man den Geschmack von Zucker? Eine Beschreibung mit Hilfe von Worten vermittelt uns nicht den Sinneseindruck des Schmeckens. Um den Geschmack kennenzulernen, muß man ihn erfahren. Die Philosophie der Künste soll nicht überdacht oder intellektualisiert werden; Erfahrung ist der Schlüssel zu ihr. Worte können deshalb nur einen Bruchteil ihres Wesens vermitteln.
In den mehr als zwanzig Jahren meines Studiums der

Kampfkünste habe ich mich nicht in ein Zen-Kloster zurückgezogen. Ich bin dem Streß der Arbeit und des Lebens in einer Gesellschaft, die auf Wettbewerb und Konkurrenzkampf ausgerichtet ist, nicht ausgewichen. Aber als ich den spirituellen Zielen der Kampfkünste näher kam, merkte ich, daß sich die Qualität meines Lebens dramatisch veränderte. Diese neue Qualität bereicherte meine Beziehungen zu den Menschen und brachte mich enger in Kontakt mit mir selbst. Ich bin zu der Einsicht gelangt, daß Erleuchtung schlicht und einfach bedeutet, die innere Harmonie des Alltags zu erkennen.
Ich möchte Ihnen deshalb dieses Buch vorlegen, um mit Ihnen zu teilen, was ich gelernt habe – in der Hoffnung, daß einige von Ihnen einen ähnlichen Weg gehen wollen. Vielleicht lerne auch ich dazu, wenn ich meine Erfahrungen teile, denn auch das ist der Weg des Zen.

> Ein Mensch, der in einer Kunst zur
> Meisterschaft gelangt ist, beweist dies
> durch alle seine Taten.
>
> *Samurai-Spruch*

> Andere zu erkennen ist Weisheit,
> sich selbst zu erkennen ist Erleuchtung.
>
> *Lao Tse*

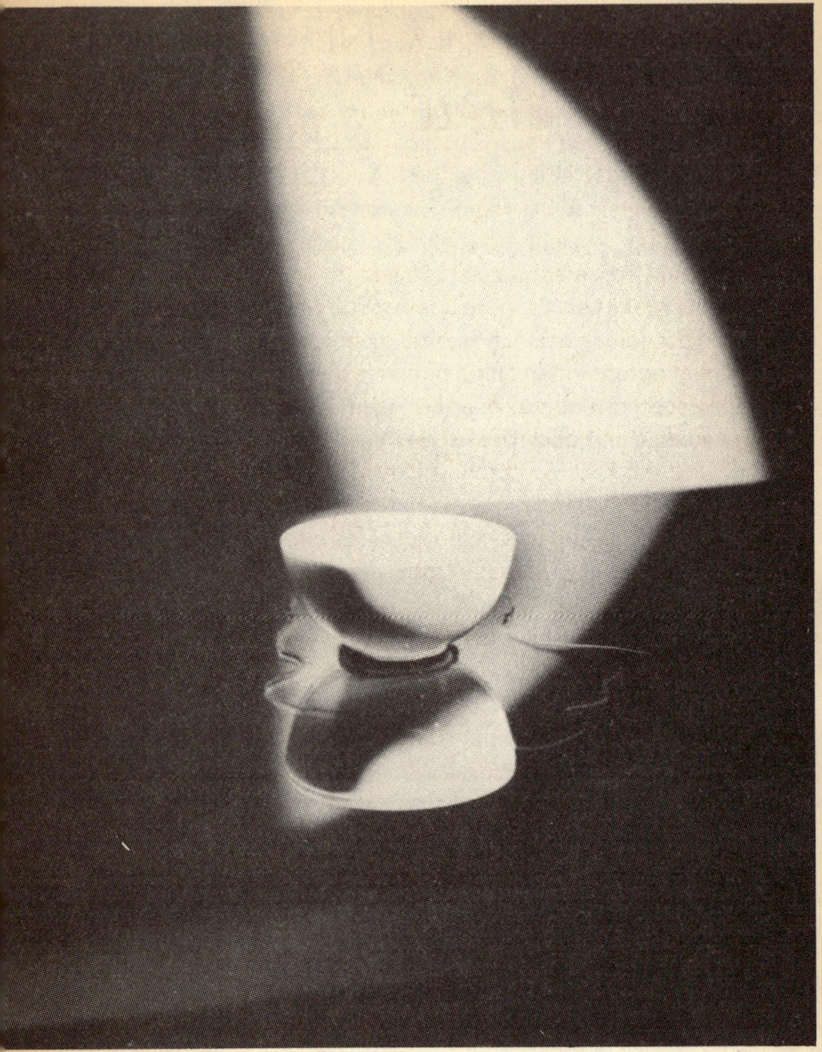

LEERE DEINE SCHALE

An jenem Sommertag des Jahres 1964 war die Luft in der Sporthalle in Long Beach schwül und übelriechend. Die Klimaanlage funktionierte nicht, und das Publikum beim internationalen Karate-Turnier war nach stundenlangem Zuschauen bei den Kämpfen allmählich unruhig geworden. Ed Parker, Pate bei diesem alljährlichen Ereignis, trat ans Mikrophon und kündigte Bruce Lee an, der eine Demonstration von Jeet Kune Do geben sollte. Augenblicklich herrschte Stille, und alle Hälse reckten sich nach vorne. Schon vor seiner Filmkarriere war Bruce Lee zur Legende unter den Kampfkünstlern geworden.
Bruce trug einen einfachen, schwarzen, maßgeschneiderten Kung-Fu-Anzug und kletterte in den Boxring. Mit ruhiger Stimme sprach er einige Minuten über seine Kunst und begann dann mit seiner Demonstration. Es ist immer beeindruckend, einen großen, muskulösen Mann beim Karate zu beobachten, der seine Gegner mit schierer, pulsierender Kraft besiegt. Aber in meinen Augen ist es noch beeindruckender, einem klein gebauten Mann zuzuschauen, der seine Techniken mit blitzartiger Geschwindigkeit ausführt, mit Bewegungen, so flink und elegant wie ein Vogel im Flug. Als Bruce fertig war, herrschte einen kurzen Augenblick lang Stille, dann brach donnernder Applaus los.

Einige Wochen später organisierte einer meiner Freunde ein Treffen mit Bruce, von dem ich mir Privatstunden erhoffte. Bruce war sehr wählerisch mit seinen Schülern, und diese Begegnung sollte eine Art Prüfung für mich werden.
Da er nur Privatstunden gab und kein öffentliches Studio führte, sollte die Begegnung bei mir zu Hause stattfinden. Er kam pünktlich, und ich ging hinaus in den Vorgarten, um ihn zu begrüßen. Auf den ersten Blick wirkte er noch kleiner als im Boxring. Er trug enganliegende Sporthosen und ein grünes, ärmelloses T-Shirt, das den Wellenwurf seiner Muskeln deutlich erkennen ließ. Er lächelte, während wir uns die Hände schüttelten, und kam sofort zum Thema.
»Warum wollen Sie bei mir lernen?« fragte er.
»Weil ich von Ihrer Demonstration beeindruckt war und weil ich gehört habe, daß Sie der Beste sind.«
»Haben Sie schon andere Kampfkünste studiert?« fragte er.
»Schon seit langem«, antwortete ich, »aber vor einiger Zeit habe ich aufgehört und möchte nun wieder damit anfangen.«
Bruce nickte und bat mich, einige der mir vertrauten Techniken vorzuführen. Wir gingen zu meiner Garagenauffahrt, und er beobachtete mich aufmerksam, während ich die verschiedenen *Katas* oder Übungen aus den anderen Disziplinen abspulte. Dann bat er mich, an einem Sandsack, der von einem Balken in der Garage herabhing, einige grundlegende Fußstöße, Abwehrbewegungen und Schläge auszuführen.
»Ist Ihnen klar, daß Sie alles verlernen müssen, was Sie gelernt haben, und daß Sie von vorne anfangen werden?« fragte er.
»Nein«, sagte ich.

Bruce lächelte und legte seine Hand sanft auf meine Schulter. »Ich möchte Ihnen eine Geschichte weitergeben, die mir mein Sifu erzählt hat«, sagte er. »Sie handelt von einem japanischen Zen-Meister. Ein Universitätsprofessor besuchte ihn eines Tages, um ihn über die Philosophie des Zen zu befragen.

Schon zu Anfang der Unterhaltung durchschaute der Meister, daß dem Professor weniger daran gelegen war, etwas über Zen zu erfahren, sondern vielmehr daran, den Meister mit seinen eigenen Überzeugungen und seiner Bildung zu beeindrucken. Der Meister hörte geduldig zu und schlug schließlich vor, den Tee gemeinsam einzunehmen. Der Meister füllte die Tasse des Besuchers und hörte dann nicht auf, Tee in die Tasse zu gießen.

Der Professor schaute zu, wie die Tasse überlief, bis er sich nicht mehr beherrschen konnte. ›Die Schale ist voll, mehr geht nicht hinein.‹ ›Wie diese Schale‹, sagte der Meister, ›sind Sie randvoll mit Ihren eigenen Hypothesen und Überzeugungen. Wie kann ich Ihnen Zen zeigen, wenn Sie nicht zuerst Ihre Schale leeren?‹«

Bruce blickte mich fragend an: »Verstehen Sie, was ich damit sagen will?«

»Ja«, sagte ich, »Sie wollen, daß ich Kenntnisse der Vergangenheit aus meinem Geist verbanne und alte Gewohnheiten ablege, damit ich aufnahmebereit für Neues werde.«

»Genau«, sagte Bruce. »Und jetzt können wir mit Ihrer ersten Lektion beginnen.«

Das soll nun nicht heißen, daß Bruce mich daran hinderte, seine Lehren kritisch unter die Lupe zu nehmen. Tatsächlich hieß er Diskussionen oder gar Kontroversen geradezu willkommen. Aber wenn ein bestimmtes Thema zu lange in Frage gestellt wurde, war seine Antwort stets: »Leere wenigstens deine Schale und versuche es.«

Später sollte ich erfahren, daß Bruce praktizierte, was er lehrte. In Hongkong hatte er als Jugendlicher unter dem berühmten Meister Jip Man *Wing Chun* studiert, einen Zweig des Kung Fu. Als er im Teenageralter nach Los Angeles kam, schaute er bei Ed Parkers Kenpo-Karate zu und übernahm von ihm viele Handtechniken, die ihm gefallen hatten. Aus dem Tae Kwon Do übernahm er die verheerenden Fußstöße, die diesen koreanischen Stil so spektakulär machen. Darüber hinaus studierte er andere Kampfstile seiner Zeit und fischte sich heraus, was er für nützlich hielt. Obwohl er zu den besten Kampfkünstlern seiner Zeit gerechnet wird, lernte er beständig hinzu – ein kontinuierlicher Prozeß des Wandels und der Verfeinerung. Er sorgte wirklich dafür, daß seine Schale leer blieb. Bruce hat nicht nur seine körperlichen Fähigkeiten fast bis zur Perfektion entwickelt, auch seinen Geist trainierte er mit dem Studium von Zen. In seiner Hütte in Los Angeles stapelten sich zerlesene, in chinesisch und englisch abgefaßte Bücher der Zen-Meister bis zur Decke.
Seit meiner ersten Lektion bei Bruce sind nun mehr als zehn Jahre vergangen, und ich bin jetzt in meinen Mittfünfzigern. Mit einem halben Jahrhundert Lebenserfahrung hinter mir werde ich manchmal ungeduldig, wenn ich mit einem neuen Gedanken oder einer neuen Technik konfrontiert werde. Aber wenn ich diese Ungeduld spüre oder mit dogmatischer Selbstsicherheit agiere, denke ich an die Lektion, die mir Bruce erteilt hat, und versuche meine Schale zu leeren und Raum zu schaffen für das Neue.

Das war meine erste echte Lektion im Zen in den Kampfkünsten und eine Anwendung auf das tägliche Leben – obwohl ich sie damals nicht mit Zen in Verbindung brachte. In meinen Ohren klang es nur vernünftig – und das ist es, was Zen in Wahrheit ist.

Einem willigen Geist ist nichts unmöglich.

Aus den Büchern der Han-Dynastie

Wenn man danach sucht,
kann man es nicht finden.

Zen-Rätsel

DER WEG, NICHT DAS ZIEL

Meister Bong Soo Han ist ein Koreaner von mittlerer Statur mit vollen, stahlgrauen Haaren. Alles, was er tut und sagt, strahlt gelassene Autorität aus. Keine Bewegung, kein Wort ist überflüssig. Er ist der traditionelle Kampfkünstler, der Hapkido von seinem Meister in Korea erlernte, der seinerseits wiederum die Kunst von einer langen, ungebrochenen Reihe von Meistern übernahm. Eine Übungsstunde bei Meister Han ist nicht nur bloßes Training, sie ist auch eine Lehrstunde in Lebenskunst. Wenn ich seinen Dojang verlasse, fühle ich mich stets bereichert.

Ich war fünfzig Jahre alt, als ich bei Meister Han mit dem Studium des Hapkido begann. Von Anfang an war der Lernprozeß langsam und oft sehr schwer für mich, weil Hapkido einen sehr geschmeidigen Körper erfordert. Mein Körper war steif geworden, und ich hatte Probleme mit meinem Rücken: Mein Gleichgewichtsgefühl war gestört, und jeder Fußstoß oberhalb der Taille schmerzte. Die Anwesenheit viel jüngerer Männer machte mir das Training nicht gerade leichter. Sie schafften mit Leichtigkeit, was mir gewaltige Anstrengung und Konzentration abforderte. Viele Male dachte ich ans Aufhören, was auch Meister Han erkannte.

Eines Nachmittags lud mich Meister Han nach dem Training zum Tee ein. Nachdem er den Tee serviert hatte, sagte er: »Sie werden niemals lernen, eine Sache anständig zu Ende zu bringen, wenn Sie nicht bereit sind, sich selbst Zeit zu lassen. Ich glaube, Sie sind es gewohnt, daß Ihnen die Dinge einfach so zufallen, aber das hat mit Lebenskunst und Kampfkunst nichts zu tun.«

»Ich habe Geduld«, sagte ich.

»Wir sprechen hier nicht über Geduld«, antwortete er. »Geduldig zu sein bedeutet, die Fähigkeit zu gelassener Ausdauer zu besitzen. Sich selbst Zeit zu geben heißt, aktiv auf ein Ziel hinzuarbeiten, ohne sich selbst eine Grenze für die Dauer des Strebens zu geben.«

Er hatte den Kern meines Problems erfaßt. Ich hatte mir ein festes Zeitlimit vorgegeben, um ein bestimmtes Maß an Gewandtheit in seinem Stil zu erwerben. Dabei blokkierte ich mich selbst, weil ich meinem Ziel nicht schnell genug näher kam. Als ich die Terminvorgabe aus meinen Gedanken verbannte, hatte ich das Gefühl, ein Gewicht von meiner Seele zu nehmen. Schon nach wenigen Monaten konnte ich auf dem Niveau der übrigen Schüler trainieren.

Genauso bemerkenswert war jedoch, daß mir Meister Hans Rat dabei half, ein drückendes Problem zu lösen. Ich arbeitete damals gerade an einem Buch, mit dem ich nur sehr langsam vorankam. Das frustrierte mich, weil ich gleichzeitig einen anderen, sehr kurzfristigen Auftrag angenommen hatte, der mir zusätzlich auf der Seele lag. Ich war mit dem Buch genauso umgegangen wie mit Hapkido. Ich hätte mich auf den *Prozeß* der Arbeit an dem Buch konzentrieren sollen, statt auf das Fertigwerden. Als ich an das Buch ohne willkürliches Zeitlimit heranging, konnte ich mich ohne jede Hast dem Schreiben und der Arbeit widmen.

Der Unbeherrschte besitzt keine Weisheit,
noch besitzt der Unbeherrschte
die Kraft der Konzentration;
und wem es an Konzentration mangelt,
der hat keinen Frieden.
Wie kann es für den Friedlosen Glück
geben?

Bhagavad Gita

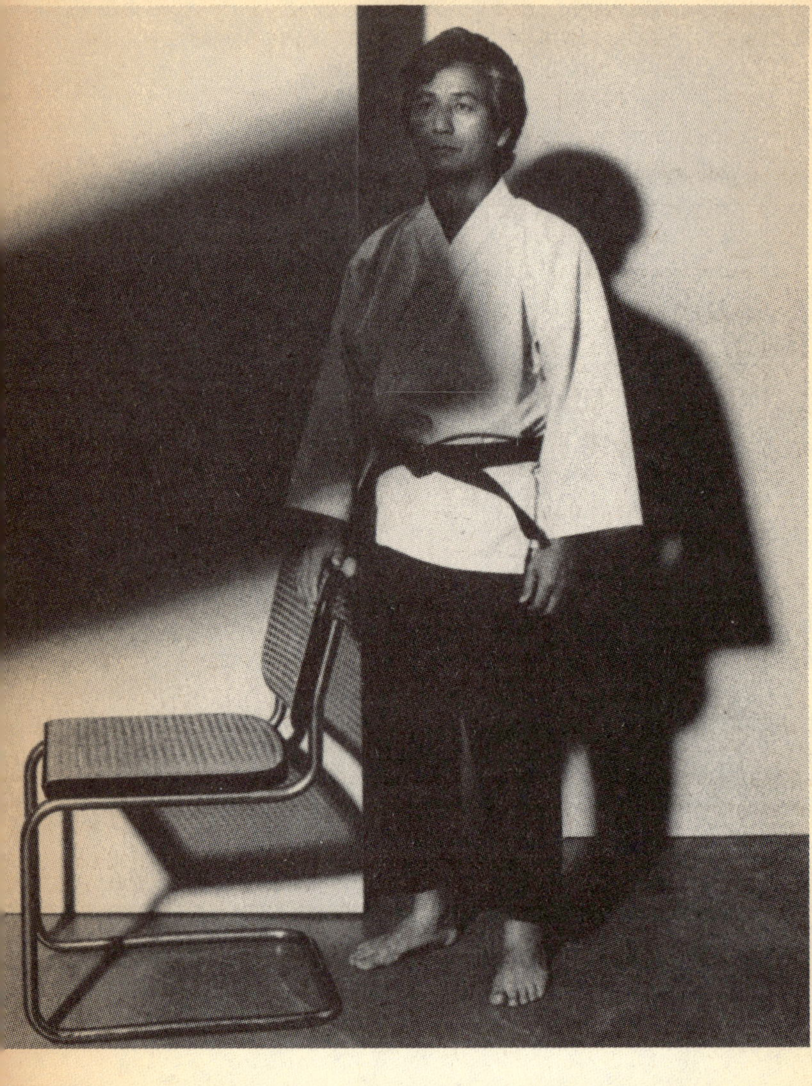

ERGREIFE DEN AUGENBLICK

Eines Tages, während einer Trainingsstunde in Meister Hans Dojang, absolvierte ich die Hapkido-Bewegungen wie ein Roboter, machte nicht sonderlich gut, was ich eigentlich schon beherrschte, und schaute ständig auf die Uhr.

»Dein Geist ist abwesend«, sagte Meister Han nach ein paar Minuten.

Ich mußte zugeben, daß ich tatsächlich mit meinen Gedanken ganz woanders war. Ich hatte es gerade noch geschafft, das Training zwischen zwei Termine zu zwängen. Meister Han verbeugte sich und signalisierte mir damit das Ende des Trainings.

Ich hatte mich angezogen und wollte den Dojang gerade verlassen, als er mich am Eingang abfing.

»Sie müssen lernen, in der Gegenwart zu leben«, sagte er. »Nicht in der Zukunft oder in der Vergangenheit. Zen lehrt, daß man das Leben im gegenwärtigen Augenblick ergreifen muß. Wenn man in der Gegenwart lebt, sind Sie in vollständigem Kontakt mit sich selbst und Ihrer Umgebung, Ihre Kraft wird nicht vergeudet und steht Ihnen ständig zur Verfügung. Anders als in der Vergangenheit gibt es in der Gegenwart kein Bedauern und keine Trauer. Wenn Sie an die Zukunft denken, verwässern Sie die Gegenwart. Man muß im Jetzt leben.

Solange das, was Sie im gegenwärtigen Augenblick tun, *tatsächlich nur das* ist, was Sie im Augenblick tun, und nichts anderes, solange sind Sie eins mit sich selbst und mit dem, was Sie tun – und das ist Zen: Wenn Sie handeln, handeln Sie voll und ganz, ohne Vorbehalt und Zweifel.«
Ich dachte über das nach, was Meister Han gesagt hatte. Ich liebe die Kampfkünste, weil sie totale Konzentration verlangen. Jede Woche kann ich einige Stunden lang Probleme und Alltagsstreß vor der Tür lassen. Das Tempo, mit der Training und Wettkampf in den Kampfkünsten stattfinden, erlaubt keine Pause zwischen zwei »Punkten« oder Zeit zum Nachdenken.
Aber an jenem Tag hatte ich mich ablenken lassen. Meine Gedanken pendelten zwischen dem Termin, den ich gerade hinter mir hatte, und dem anderen, der noch auf mich wartete. Mein Geist war nicht auf das Tun des Augenblicks gerichtet.
Ich erkannte, wie oft ich bei der Arbeit meinen Geist ruhelos wandern lassen und dabei sowohl Energie als auch Konzentration vergeudet hatte. Ich entschloß mich, dieses Verzetteln nicht mehr zu tolerieren. Ich würde jeder Handlung meine volle Konzentration schenken. Als ich in mein Büro zurückkehrte, schrieb ich auf eine kleine Karteikarte: »Ergreife das Leben im Jetzt« und heftete sie an die Wand über meinem Schreibtisch.
Die Karte hängt immer noch dort, und ich lese sie jedesmal, wenn ich merke, daß ich abgelenkt bin. Seit diesem Tag habe ich mich immer wieder daran erinnert, mich auf den Augenblick zu konzentrieren, statt meinem Geist das Streunen in Vergangenem oder Zukünftigem zu erlauben.

Geduld – die wesentliche Eigenschaft
des Menschen.

Kwai Ku Tsu

BEZWINGE DIE HAST

Meister Han und ich saßen gerade im Büro beim Tee, als der Postbote klingelte und einen Brief aus Korea von der Familie des Meisters ablieferte.
Ich wußte, daß er diesen Brief schon sehnlich erwartet hatte, und unterbrach unser Gespräch. Ich rechnete damit, daß er nun den Brief aufreißen und eiligst überfliegen würde. Er legte ihn jedoch zur Seite, wandte sich zu mir und fuhr mit der Unterhaltung fort.
Am nächsten Tag machte ich eine Bemerkung über seine Selbstbeherrschung und sagte, daß ich den Brief sicherlich sofort gelesen hätte.
»Auch wenn ich allein gewesen wäre, hätte ich mich so verhalten«, sagte er. »Ich habe den Brief zur Seite gelegt, bis meine Hast besiegt war. Als ich ihn dann wieder in die Hand nahm, habe ich ihn wie eine Kostbarkeit geöffnet.«
Ich rätselte kurze Zeit an seinem Kommentar herum, weil ich wußte, daß er mir etwas beibringen wollte. Schließlich sagte ich, daß ich nicht verstehen könne, was eine solche Geduld bezweckt.
»Der Sinn ist folgender«, sagte er. »Wer geduldig in den kleinen Dingen des Lebens ist und sich selbst beherrschen kann, wird eines Tages die gleiche Beherrschung in den großen und bedeutsamen Dingen haben.«

ERKENNE DEINE GRENZEN

Nach einem Training saßen Bruce Lee und ich in einem Restaurant in Los Angeles beim *Dim Sum*, einem traditionellen chinesischen Frühstück mit Fleischpasteten. Ich ergriff die Gelegenheit und sagte ihm, daß ich entmutigt sei. Ich hatte das Gefühl, daß ich mit meinen fünfundvierzig Jahren zu alt und mein Körper zu unbeweglich sei, um Jeet Kune Do einigermaßen beherrschen zu lernen.

»Du wirst niemals etwas Neues lernen, wenn du nicht bereit bist, dich *mit* deiner Begrenztheit anzunehmen«, antwortete Bruce. »Du mußt akzeptieren, daß du dich in einige Richtungen entwickelt kannst und in anderen begrenzt bist, und dann entfalten, was möglich ist.«

»Aber vor zehn Jahren konnte ich noch problemlos Fußschläge über Kopf anbringen«, sagte ich. »Heute brauche ich eine halbe Stunde Aufwärmtraining, bevor ich es schaffe.«

Bruce legte seine Eßstäbchen neben den Teller, faltete seine Hände auf dem Schoß und lächelte. »Das war vor zehn Jahren«, sagte er sanft. »Heute bist du älter, und dein Körper hat sich verändert. Jeder von uns muß körperliche Begrenzungen überwinden.«

»Du hast gut reden«, gab ich zurück. »Wenn jemals ein Mensch mit angeborenem Talent zum Kampfkünstler geboren wurde, dann bist du es.«

Bruce lachte. »Ich erzähle dir nun, was nur sehr wenige Menschen wissen. Ich wurde ein Kampfkünstler *trotz* meiner Begrenzungen.«
Ich war verblüfft. Bruce war für mich das Musterbeispiel einer perfekten Physis, und das sagte ich ihm auch.
»Du hast es vielleicht nicht gemerkt«, sagte er, »aber mein rechtes Bein ist fast eineinhalb Zentimeter kürzer als mein linkes. Diese Tatsache zwang mir die geeignetste Grundstellung auf – mit dem linken Fuß nach vorne. Dann fand ich heraus, daß die Beinverkürzung bei bestimmten Fußstößen ein Vorteil war, weil mir das ungleichmäßige Auftreten eine größere Stoßkraft verlieh.
Und ich trage Kontaktlinsen, weil ich seit meiner Kindheit kurzsichtig bin. Mit der Folge, daß ich früher ohne Brille den Gegner nur schwer ausmachen konnte, wenn er nicht sehr nahe kam. Ich habe mit dem Studium von Wing Chun begonnen, weil es eine ideale Technik für den Nahkampf ist.

Ich akzeptierte meine Begrenzungen, so wie sie sind, und machte das Beste aus ihnen. Das ist es, was *du* lernen mußt. Du sagst, daß du erst nach langem Aufwärmen über Kopf stoßen kannst, aber die eigentliche Frage ist hier: Ist es wirklich nötig, so hoch zu stoßen? Tatsache ist, daß Kampfkünstler bis vor kurzer Zeit Fußstöße nur selten höher als bis zum Knie ausführten. Fußstöße zum Kopf sind fast ausschließlich Zirkusshow. Verbessere deine Stöße auf Hüftebene, und sie werden so wirkungsvoll, daß du niemals höher stoßen mußt.

Statt zu versuchen, in allem gut zu werden, tue nur das, was du tun kannst. Zwar haben fast alle Meister der Kampfkunst Jahre damit zugebracht, Hunderte von Techniken und Bewegungen zu erlernen, aber in einem Wettkampf oder *Kumite* läßt ein Meister nur vier oder fünf Techniken zum Zuge kommen. Das sind die Techniken, die er perfektioniert hat. Er weiß, daß er sich auf sie verlassen kann.«

Ich warf ein: »Tatsache bleibt jedoch, daß mein wahrer Gegner die fortschreitenden Jahre sind.«
»Hör auf, den fünfundvierzig Jahre alten Mann mit deinen Zwanzigern oder Dreißigern zu vergleichen«, antwortete Bruce. »Die Vergangenheit ist eine Illusion. Du mußt lernen, in der Gegenwart zu leben und dich zu akzeptieren, so wie du *jetzt* bist. Was dir an Flexibilität und Beweglichkeit fehlt, mußt du durch Wissen und konstantes Training wettmachen.«
Statt meine Zeit darin zu investieren, so locker zu werden, daß ich Fußstöße über Kopf anbringen konnte, arbeitete ich während der nächsten Monate an meinen hüfthohen Stößen, bis sogar Bruce zufrieden war.
Eines Tages, im Herbst 1965, kam er zu meinem Haus, um sich vor seiner Abreise nach Hongkong zu verabschieden. Er sagte, er wolle dort ein großer Filmstar werden. »Erinnerst du dich an unser Gespräch über Begrenztheit?« fragte er. »Nun, ich bin behindert durch meine Größe, mein schlechtes Englisch und durch die Tatsache, daß ich Chinese bin: Noch nie hat ein Chinese eine Hauptrolle in einem amerikanischen Film erhalten. Aber ich habe die letzten drei Jahre damit zugebracht, Filme zu studieren. Ich denke, daß die Zeit reif für einen guten Kampfkunst-Film ist – und ich bin am besten dafür geeignet, die Hauptrolle zu übernehmen. *Meine Fähigkeiten gehen über meine Begrenzungen hinaus.*«
Bruces Fähigkeiten gingen tatsächlich über seine Begrenzungen hinaus, und bis zu seinem frühen Tod war er einer der größten Filmstars. Seine Laufbahn war ein perfektes Beispiel für seine Lehre: Wenn wir unsere Stärken entdekken und weiterentwickeln, überwiegen sie nach und nach unsere Schwächen.

Die Kraft des Geistes ist grenzenlos,
die Kraft der Muskeln ist begrenzt.

Koichi Tohei

AUCH DIE MEISTER HABEN MEISTER

Bei den meisten Kampfkunst-Disziplinen tragen die Anfänger einen weißen Gürtel, der traditionell die Unschuld symbolisiert. Mit der Zeit wird der Gürtel durch Anfassen und Gebrauch schmutzig, deshalb markiert ein brauner Gürtel die zweite Phase des Lernens. Nach und nach wird der Gürtel dunkler, bis er schwarz ist – die Phase des Schwarzgürtels. Noch mehr Zeit vergeht, und der schwarze Gürtel zerfranst und wird fast weiß: sein Träger kehrt wieder zur Unschuld des Anfangs zurück – im Zen das Zeichen menschlicher Vollkommenheit. Viele Kampfkunstarten haben zusätzliche Gürtelfarben zwischen Weiß und Braun und auch verschiedene Braun- und Schwarzabstufungen. Sie erinnern den Schüler ständig daran, daß es über den erreichten Stand des Könnens hinaus noch viel zu lernen gibt. In diesem Bewußtsein arbeiten auch die Meister, von denen jeder selbst einen Meister gehabt hat. Ed Parker beispielsweise betrachtet sich als Novize verglichen mit William Chow, seinen Meister aus Hawaii; Meister Bong Soo Han redet mit Ehrfurcht über die Fähigkeiten seines koreanischen Meisters Yong Sul Choi; Bruce Lee sprach stets mit großer Hochachtung von seinem Meister in Hongkong, Yip Man, der auch Jim Laus Sifu

war; Stan Schmidt aus Südafrika reist einmal im Jahr um die halbe Welt nach Los Angeles, um bei seinem Meister Nishyama zu studieren, während Camille Fluxman aus Los Angeles bei jeder Gelegenheit nach Südafrika zurückkehrt, um wieder bei ihrem Meister Stan Schmidt zu lernen. Dieser endlose Kreislauf von Meister und Schüler gibt sowohl dem Lehrer wie dem Lernenden das Gefühl, Teil eines Kontinuums der Lehre zu sein.
Meine eigenen Lernerfahrungen in den Kampfkünsten waren immer wie eine Treppe mit zahllosen Treppenabsätzen. Auf jeder Stufe scheint das Ziel – spirituelle und physische Vereinigung von Geist und Körper – näherzurücken. Aber immer wieder kommen Absätze oder Plattformen, wo das Lernen aufzuhören scheint und die Treppe sich endlos nach oben schlängelt. In solchen Augenblikken fühlte ich mich oft frustriert und entmutigt.
Ich habe mit Freunden aus den Kampfkünsten über diese Erfahrung gesprochen, und jeder von ihnen gestand mir, daß auch er von Zeit zu Zeit einen solchen Absatz erreiche. Die Erfahrung ist uns allen gemein.
George Waite, mein guter Freund und Mentor, erinnerte sich an seine Braungurttage im Karate und an seine Mutlosigkeit, als er jemanden beobachtete, der viel besser war als er selbst, obgleich er sich selbst für gut hielt.
»Als mir das passierte«, sagte er, »bin ich regelmäßig in den Dojo gegangen und schaute den Weißgurten zu. Ich sah, daß ich gut war im Vergleich zu ihnen. Dann habe ich die Schwarzgurte beobachtet, und als ich sah, um wieviel besser man noch werden konnte, kehrten Enthusiasmus und Inspiration wieder zurück. Als ich schließlich meinen schwarzen Gurt erhielt, merkte ich, daß ich im Vergleich zu meinem Sifu nichts wußte, und ich verlor wieder den Mut – bis er mir erzählte, wie groß sein eigener Meister war.«

Trotz meiner vielen Jahre des Studiums der Kampfkünste erkenne ich heute, wie wenig ich weiß, wenn ich mich mit den wahren Meistern der Künste vergleiche. Nur durch das ständige Üben mit jemandem, der besser ist als ich, konnte ich mich entwickeln. Die Erkenntnis beflügelt, daß auch die Meister Meister haben und daß wir alle Lernende sind.

König Hsuan von Chou hörte eines Tages von Po Kung-i: Man sagte, er sei der stärkste Mann im ganzen Königreich. Als die beiden einander begegneten, war der König enttäuscht, denn Po wirkte eher schwächlich und zart.
Als der König Po fragte, wie stark er denn wirklich sei, sagte Po sanft: »Ich kann einem Frühlings-Grashüpfer das Bein brechen und dem Flügelflattern einer Herbst-Zikade standhalten.«
Aufgebracht donnerte der König: »Ich kann Nashornleder zerreißen und neun Büffel an ihren Schwänzen ziehen, und doch schäme ich mich meiner Schwäche. Wie kommt es, daß du so berühmt bist?«
Po lächelte und antwortete leise: »Mein Lehrer war Tsu Shang-chi'ui, dessen Kraft in der Welt ohnegleichen war, aber nicht einmal seine Verwandten wußten davon, *weil er sich ihrer nie bedient hat.*«

Anonym

VERLÄNGERE DEINE LINIE

Meine erste Begegnung mit dem Kenpo-Meister Ed Parker fand im Jahre 1952 statt, in einer Turnhalle in Beverly Hills, wo er einen Raum gemietet hatte. Parker ist ein gutaussehender, hochgewachsener Hawaiianer mit schwarzem Haarschopf. Er erinnerte mich an einen großen Baum, mit Armen wie kraftvolle Äste und nackten Füßen, die fest in der Leinenmatte wurzelten. Er trug ein altes, locker sitzendes *Gi*, die zweiteilige Baumwollkluft der meisten Kampfkünstler.

Ich erinnere mich noch gut an eine meiner ersten Trainingsstunden in seinem Dojo in Los Angeles. Ich übte gerade *Kumite* (Freikampf) mit einem erfahreneren Gegner. Um meinen Mangel an Kenntnis und Erfahrung wettzumachen, probierte ich Tricks und Finten, die sofort gekontert wurden. Ich wurde deklassiert, und Parker schaute zu, wie ich eine saftige Abreibung bezog. Als das Match zu Ende war, fühlte ich mich miserabel. Parker lud mich in sein Büro ein, einen kleinen, karg möblierten Raum mit verschrammtem Schreibtisch und wackligen Stühlen.

»Warum sind Sie so verärgert?« fragte er.

»Weil ich keine Punkte machen konnte.«

Parker zeichnete mit Kreide eine etwa eineinhalb Meter lange Linie auf den Fußboden. »Wie könnte man diese Linie kürzer machen?« fragte er.

Ich betrachtete die Linie und gab ihm mehrere Antworten, unter anderem, daß man die Linie in mehrere Teilstücke zerlegen könnte.
Er schüttelte seinen Kopf und zeichnete eine zweite Linie, länger als die erste. »Wie sieht nun die erste Linie aus?«
»Kürzer«, sagte ich.
Parker nickte. »Es ist immer besser, die eigene Linie oder die eigenen Kenntnisse zu verbessern und zu erweitern, als zu versuchen, die Linie des Gegners zu verkürzen.« Er begleitete mich zur Tür und fügte hinzu: »Denken Sie über meine Worte nach.«
Ich habe tatsächlich nachgedacht und während der nächsten Monate hart trainiert, meine Fähigkeiten erweitert, meine Kenntnisse und mein Können ausgebaut. Als ich das nächste Mal gegen den gleichen Gegner antrat, hatte auch er Fortschritte gemacht. Aber dieses Mal lief es viel besser bei mir: Ich hatte meine Fähigkeiten weiterentwikkelt.
Nicht lange danach merkte ich, daß ich das Prinzip, das Ed Parker mir beigebracht hatte, auf meinen Tennisstil anwenden konnte. Als passionierter Wochenendspieler mußte ich häufig gegen bessere Gegner antreten. Wenn es schlecht für mich aussah, behalf ich mich oft mit verzinktem Spiel, gab dem Ball Schnitt und versuchte, schwierige Volleys zu schlagen. Ich verlor jedesmal und war frustriert. Statt mein Spiel zu verbessern, versuchte ich ständig, »ihre Linie zu verkürzen«. Ich erkannte, daß ich spielen mußte, so gut ich konnte, statt zu versuchen, das Spiel meines Gegners schlechter zu machen. Mit Parkers Rat im Hinterkopf verbesserte sich mein Spiel rasch.

Seither sind nun schon fast drei Jahrzehnte vergangen, und in diesen Jahren hat Parker seine Kunst Tausenden von Studenten beigebracht. Noch lange nach ihrem Training bei ihm behalten sie ihn als guten Freund in Erinnerung – als weisen und sanftmütigen Sifu, der Geist und Philosophie der Kampfkünste verkörpert.

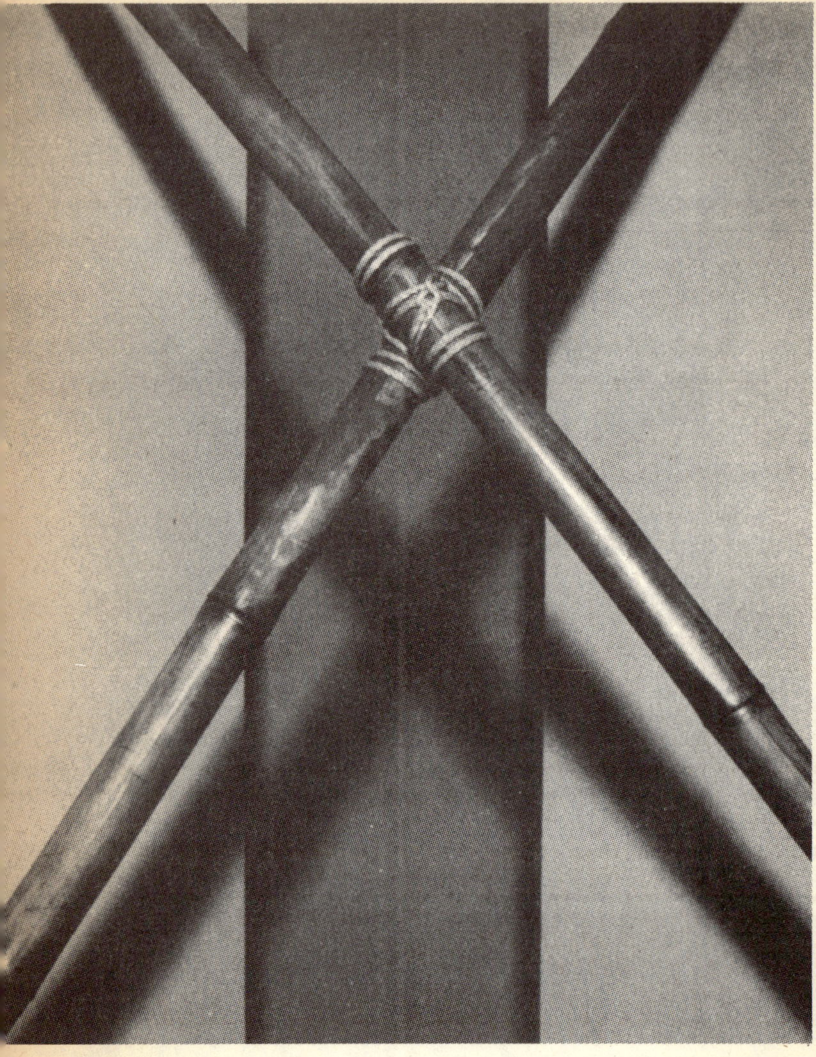

BITTE NICHT STÖREN

An vielen meiner Jeet-Kune-Do-Stunden mit Bruce Lee nahm auch Stirling Silliphant teil, einer der erfolgreichsten Drehbuchautoren Amerikas. Oft haben wir drei uns nach dem Training in meinem Garten zusammengesetzt und uns bei einem Glas Fruchtsaft unterhalten. Diese Augenblicke bedeuteten mir sehr viel, denn stets habe ich dabei einen oder beide meiner Freunde besser kennengelernt.
Bei einer dieser Gelegenheiten sprachen wir über den Unterschied zwischen Zeit verschwenden und Zeit aufwenden. Bruce sprach als erster:
»Zeit aufzuwenden heißt, sie auf eine bestimmte Art und Weise zu verbringen«, sagte er. »Während der Trainingsstunden wenden wir Zeit auf, genauso wie wir sie jetzt im Gespräch verbringen. Zeit zu verschwenden bedeutet, sie achtlos oder gedankenlos zu verschleudern. Wir alle können Zeit aufwenden oder verschwenden, und es liegt in unserer Hand, was wir mit ihr tun. Aber wenn sie vorbei ist, ist sie für immer vorbei.«
»Es ist das wertvollste Gut, das wir besitzen«, stimmte Stirling zu. »Ich habe meine Zeit immer als aufgeteilt gesehen in unendliche Augenblicke oder Transaktionen oder Kontakte. Jeder, der meine Zeit stiehlt, stiehlt mein Leben, er beraubt mich meiner Existenz. Je älter ich werde, desto mehr begreife ich, daß Zeit das einzige ist, was ich

noch habe. Wenn heute jemand mit einem bestimmten Projekt zu mir kommt, dann kalkuliere ich die Zeit, die ich dafür brauchen werde, und stelle mir dann die Frage: ›Will ich wirklich Wochen oder Monate der wenigen Zeit, die ich noch habe, auf dieses Projekt verwenden? Ist es das wert, oder verschwende ich nur meine Zeit?‹ Wenn ich die Sache meiner Zeit für wert halte, dann tue ich es. Denselben Maßstab wende ich bei meinen Beziehungen zu Menschen an. Ich lasse es nicht zu, daß Menschen meine Zeit stehlen. Ich habe die Zahl meiner Freunde begrenzt auf diejenigen, mit denen ich eine glückliche Zeit verbringe, und sie wird nicht von gesellschaftlichen Normen diktiert.«

Als Stirling schwieg, starrte Bruce einige Augenblicke lang ins Leere. Dann fragte er mich, ob er kurz telefonieren könne.

Bruce kam zurück und lächelte. »Ich habe gerade einen Termin abgesagt«, sagte er. »Das war jemand, der meine Zeit verschwenden und nicht aufwenden helfen wollte.«

Als er aufbrach, wandte sich Bruce zu Stirling und sagte: »Heute waren Sie mein Lehrer. Ich habe zum ersten Mal begriffen, wieviel Zeit ich mit bestimmten Leuten verschwende. Ich habe niemals daran gedacht, daß sie mir meine Existenz rauben, aber genau das tun sie.«

In dieser Phase meines Lebens hatte ich viele Freunde, die mich nach Lust und Laune besuchten oder anriefen. Als Schriftsteller mit Büro zu Hause nahmen sie wie selbstverständlich an, daß ich für Gespräche und Rat zu allen möglichen Themen zur Verfügung stand. Aber nach dem Gespräch mit Bruce und Stirling erkannte ich, daß ich meine Zeit mit ihnen meistens verschwendete, statt sie aufzuwenden.

Ich kaufte ein großes »Bitte nicht stören«-Schild und hängte es an meine Bürotür. Dann installierte ich einen Anrufbeantworter. Zu meiner Überraschung verdoppelte sich mein Arbeitspensum fast. Ich hatte einen Schritt in Richtung Kontrolle über meine Zeit gemacht.

> Das Leben entfaltet sich auf einem großen
> Blatt, das man Zeit nennt.
> Ist es vorbei, dann ist es für immer
> vergangen.
>
> *Chinesisches Sprichwort*

AKTIVE PASSIVITÄT

Bronislaw Kaper, der vor mehr als zwei Jahrzehnten mein Interesse für die Kampfkünste weckte, hat mich mit einem weiteren interessanten Gedanken vertraut gemacht: dem bewußten Nichtstun. Bronny ist höflich, elegant gekleidet, ein Gentleman europäischen Zuschnitts. Er ist in Polen geboren, aufgewachsen und erzogen in Warschau und Berlin. Im Alter von achtzehn Jahren war er Jugendmeister im Säbelfechten, und heute noch gilt er als einer der besten Säbelfechter der Westküste, obwohl er nun schon weit über sechzig Lenze zählt.

Eines Tages rief ich ihn an, um ihn zum Mittagessen einzuladen. »Tut mir leid«, sagte Bronny, »aber heute ist mein Tag fürs Nichtstun.«

Ich protestierte: »Aber beim Mittagessen tut man doch auch nichts außer essen.«

Bronny lachte. »Wenn ich mich zum Mittagessen verabrede, mein Junge, muß ich etwas tun, und heute tue ich nichts.«

»Erklär mir das bitte.«

»In unserem Alltag lassen wir heute keinen Raum für leere Stellen, für Nichtstun. Dieses Konzept des *Nicht-Tuns*, bei dem es nicht darum geht, einfach nicht ›etwas‹ zu tun, ist auch eine Aktivität und eine Übung.

Du mußt Nichtstun mit einer Pause in der Musik vergleichen, mit einer Fermate. Eine Fermate ist nicht einfach ein Loch in der Musik, Nicht-Musik sozusagen, sondern integraler Bestandteil einer Komposition. Wenn ein Dirigent eine Fermate nicht nach ihrem vollen Wert spielt, dann ist das wie ein Schnitt ins Fleisch. Wie Claude Debussy gesagt hat: ›Musik ist der Raum zwischen den Noten.‹ Die Meister der Phrasierkunst sind – wie gute Kampfkünstler auch – Menschen, die der Pause und der Stille, dem Nichthandeln, genausoviel Aufmerksamkeit schenken wie dem Handeln.«

Bronny schien damit sagen zu wollen, daß eine sinnvolle Pause einem unter anderem die Möglichkeit gibt, sich über sich selbst Rechenschaft abzulegen. Als ich Bruce Lee das nächste Mal sah, berichtete ich ihm von meinem Gespräch mit Bronny.

Bruce lachte und sagte: »Weißt du, er hat recht. Die Pause inmitten von Handeln ist auch eines meiner Geheimnisse. Viele Kampfkünstler greifen mit der Gewalt eines Wirbelsturms an, ohne die Wirkung ihres Angriffs auf den Gegner zu beobachten. Wenn ich angreife, versuche ich immer zu pausieren – die Handlung zu stoppen –, um meinen Gegner und seine Reaktionen zu studieren, bevor ich selbst etwas tue. Ich verbinde Pause und Stille mit Aktivität und gebe mir so Zeit, meine eigenen inneren Abläufe wie auch die meines Gegners zu empfinden.«

Jahre später und lange nachdem Bruce zum Film nach Hongkong gegangen war, verstand ich schließlich, wie wichtig diese »Stop-Aktion« für seine Kunst ist. Die meisten Kampfkünstler verwenden immer wieder die gleichen Bewegungsmuster. Aber Bruce verfiel nie in Routine. In einem gewissen Sinne machte er sich ständig eine Art Report von den Wirkungen, die sein eigenes Handeln auf die Umwelt erzielte – er legte Pausen ein, um zu beurteilen, anzupassen und zu korrigieren in Harmonie mit den

Erfordernissen der Situation. Er ließ niemals zu, daß ihm ein Gegner sein eigenes Handeln diktierte. Statt dessen zwang er sein Gegenüber, auf ihn zu reagieren, und stoppte häufig, um seine Stellung neu aufzubauen und zu strukturieren.

Kürzlich habe ich einen Weg gefunden, die abstrakte Idee der »Stop-Aktion« in mein Leben zu integrieren. Seit längerer Zeit schon hatte ich meinem Terminkalender gestattet, mein Leben zu beherrschen. Eines Tages hatte mich der Streß voll im Griff, und ich merkte, daß eine Parallele bestand zwischen meinen Erfahrungen auf der Matte, wenn ich es mit einem übermächtigen Gegner zu tun hatte. In solchen Kämpfen erinnerte ich mich oft an Bruces Worte, stoppte, um mich neu auszurichten, und versuchte dann, die Initiative zu ergreifen. Warum sollte diese Methode nicht bei meinem jetzigen Problem funktionieren?
Trotz des Drucks, der auf mir lastete, entschloß ich mich, einen Tag freizunehmen, eine Pause zu machen, nichts zu tun und meine Situation zu betrachten. Die Pause wirkte Wunder. Ich durchleuchtete meine Zwangslage, entschied mich für den künftigen Kurs und beschloß, daß ich in meinem Lebensplan die Initiative ergreifen würde. Ich hatte entdeckt, daß Nichthandeln manchmal wichtiger sein kann als Handeln.

> Der Geist sollte sich nirgendwo im
> besonderen aufhalten.
>
> *Takuan*

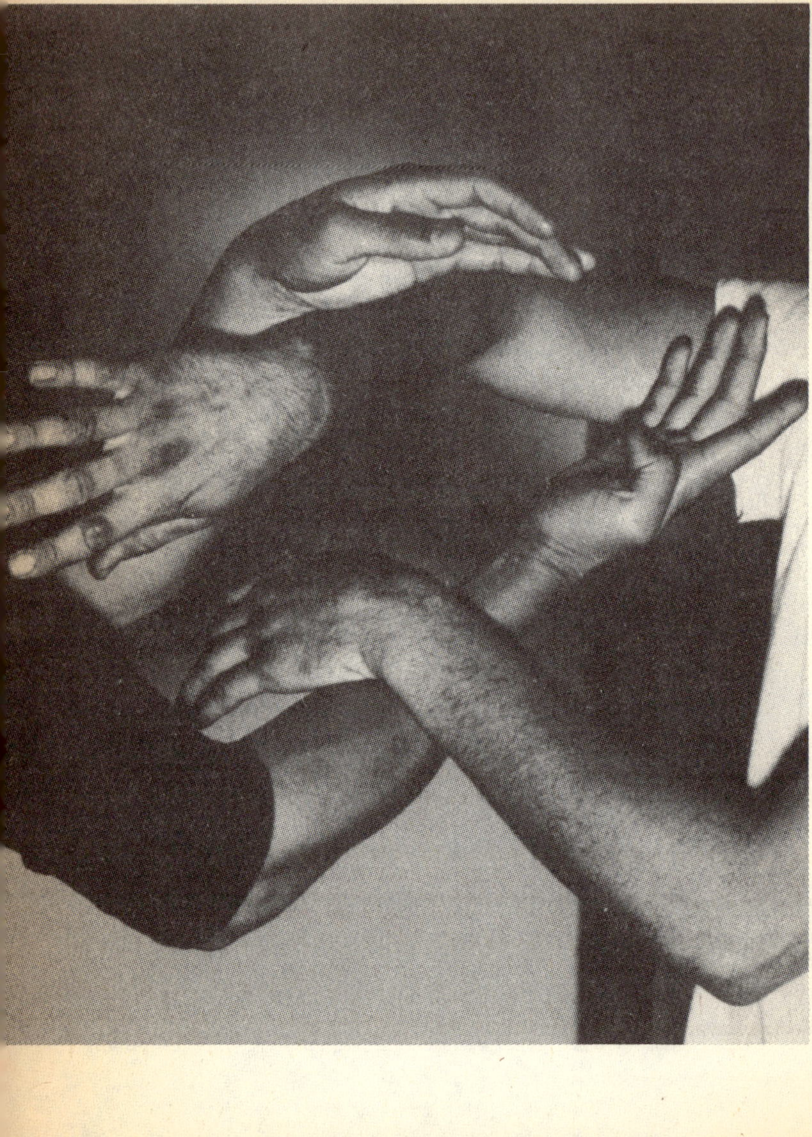

PASSIVE AKTIVITÄT

Jim Lau, mein Sifu im Wing-Chun-Stil, ist achtundzwanzig Jahre alt und aus dem gleichen Holz geschnitzt wie Bruce Lee. Als Jugendlicher hatte Lau in Hongkong Wing Chun bei Bruces Meister, dem legendären Yip Man, studiert. Lau ist mittelgroß und hager, mit Armen und Beinen wie gehärteter Stahl, jedoch biegsam wie Weidenzweige. Selbst wenn er einem Gegner Nase an Nase gegenübersteht, kann er noch Fußstöße bis zum Kinn anbringen!

Bei meinem ersten Besuch in Jim Laus Wing-Chun-Schule in einem umfunktionierten Laden in Los Angeles war ich überrascht, die Schüler in Straßenkleidung zu sehen. Lau selbst trug ein rotes Mickymaus-T-Shirt und blaue Jogginghosen. Als wir einander vorgestellt wurden, verbeugte ich mich, wie es üblich ist, wenn man einem höherrangigen Kampfkünstler begegnet. Er ignorierte meine Verbeugung, schüttelte meine Hände und bestand darauf, daß ich ihn Jim nannte.

Diese informelle Atmosphäre ist typisch für Wing Chun, das auch »chinesisches Schattenboxen« genannt wird. In Hongkong und Europa zählt es heute zu den populärsten Kampfkünsten und wird auch in Amerika immer beliebter, weil seine Einstellung zum Kampf sehr einfach und direkt ist. Wing Chun kennt keine Rangabstufungen und keine farbigen Gürtel, die den Schüler vom Lehrer unterschei-

den. Wenn ein Schüler eine bestimmte Stufe erreicht hat, erhält er manchmal vom Sifu ein Medaillon oder ein Objekt als Zeichen seiner persönlichen Wertschätzung.
Anders als bei Bruce, der sich seiner Filmkarriere widmete, war es Jim Laus größter Ehrgeiz, seine Kunst einer wachsenden Zahl treuer Schüler nahezubringen, von denen die meisten schon Erfahrung in anderen Kampfkünsten gesammelt hatten. Trotz seines lässigen Lehrstils fühlt sich Jim in hohem Maße verantwortlich für Fortschritt und Wohlergehen jedes einzelnen Studenten.
Vor nicht allzu langer Zeit übten wir »klebende Hände«, eine Technik, bei der die Hände an denen des Gegners zu kleben scheinen – daher auch ihr Name. Mit Hilfe dieser Übung lernen die Wing-Chun-Schüler, die wortlosen Signale zu deuten, die die Hände des Gegners aussenden. Die Art und Weise, in der eine Hand zurückgezogen wird, kann eine Verlagerung des Körperschwerpunkts, einen Stellungswechsel und/oder die wahrscheinliche Richtung des nächsten Schlages signalisieren. Sie kann einen Hinweis dafür geben, ob der nächste Schlag ein Aufwärtshaken, ein Rundschlag oder ein gerader Stoß sein wird. Verliert man den Kontakt zur Hand des Partners, dann kann sie einen Schlag anbringen. Gegen seine Hand zu drücken verlängert die eigene Linie zu sehr, und man kann leicht aus dem Gleichgewicht gestoßen werden.
Bei dieser Übung versuchen beide Partner, die Signale des anderen zu lesen und dabei die eigenen zu tarnen. Diese Technik lehrt, einen Angriff abzufangen und dennoch in der eigenen Mitte und in Kontrolle zu bleiben, ohne zuviel oder zuwenig zu reagieren. Die Folge davon ist häufig ein Unentschieden.
Die Übung frustrierte mich, weil Jim meine Absichten durch die Sensitivität seiner Hände fast wie ein Gedan-

kenleser erraten konnte. Ich wurde oft ungeduldig und versuchte, einen Schlag zu landen; aber jedesmal spürte Jim meine Absicht, konterte die Bewegung, noch bevor ich sie ausführte, und brachte mich stets aus dem Gleichgewicht. Schließlich trat er einen Schritt zurück, hob die Hand und deutete so das Ende der Lektion an. Ich begleitete ihn zu seinem Wagen.

»Geduld und innere Stille müssen Eifer und hektischen Aktionismus ablösen«, sagte er. »Unter den besten Kampfkünstlern entscheidet ein einziger Fehler. Bevor Schläge angebracht werden, vergehen manchmal Minuten in beherrschter Geduld und Planung, während jeder seinen Gegner respektvoll beobachtet, seine Stellung oder Posi-

tion studiert, schaut, Ideen entwickelt und seine Energie auflädt. Wenn einer von beiden denkt, daß er nun angreifen wird, kann der Gegner rasch seine Stellung wechseln. Hat er überreagiert, behält der Gegner das im Auge. Das ist eine Schwäche, die er später zu seinem eigenen Vorteil zu nutzen versuchen wird.
Ein guter Spieler durchschaut diese Bewegungen als das, was sie sind: ein Prozeß des Sondierens und Experimentierens. Der gute Spieler ist geduldig. Er ist aufmerksam, er kontrolliert seine Geduld und organisiert seine Haltung. Wenn er eine Chance sieht, explodiert er.«

Einige Zeit später schaute ich bei einem »Kreuzen der Hände«, bei einem Wettkampf zwischen zwei Kampfkünstlern, zu. Ich war gekommen in Erwartung eines großartigen Schauspiels wirbelnder Akrobatik und fliegender Gliedmaßen. Statt dessen sah ich zwei Männer in Kampfpositionen, die einander minutenlang wachsam studierten. Anders als beim Boxen gab es keine Finten oder Probeschläge. Die meiste Zeit standen die Meister still wie Marmorfiguren. Plötzlich machte einer von beiden eine so schnelle Bewegung, daß ich nicht mitbekam, was geschehen war, obwohl der andere rückwärtsflog. Der Kampf war beendet, und die beiden Meister verbeugten sich voreinander.
Beim nächsten Training erzählte ich Jim Lau davon. »Sie haben jetzt die Kraft beherrschter Geduld auf der Matte gesehen«, sagte er. »Das gleiche gilt auch für Schwierigkeiten im Alltag. Wenn man mit einer Schwierigkeit konfrontiert wird, sollte man nicht dagegen ankämpfen oder sie verdrängen. Akzeptiere sie und erkenne sie an. Bei der Suche nach einer Lösung oder einer Lücke sei geduldig, und dann erst richte deine ganze Kraft auf die Lösung, die du für ratsam hältst.«

Ihr seid eins, Du und Dein Gegner.
Es gibt ein gemeinsames Existieren
zwischen Dir und Deinem Gegner.
Du existierst gemeinsam mit Deinem
Gegner und wirst zu seiner Ergänzung,
nimmst seinen Angriff auf und bedienst
Dich seiner Kraft, um ihn zu überwinden.

Bruce Lee

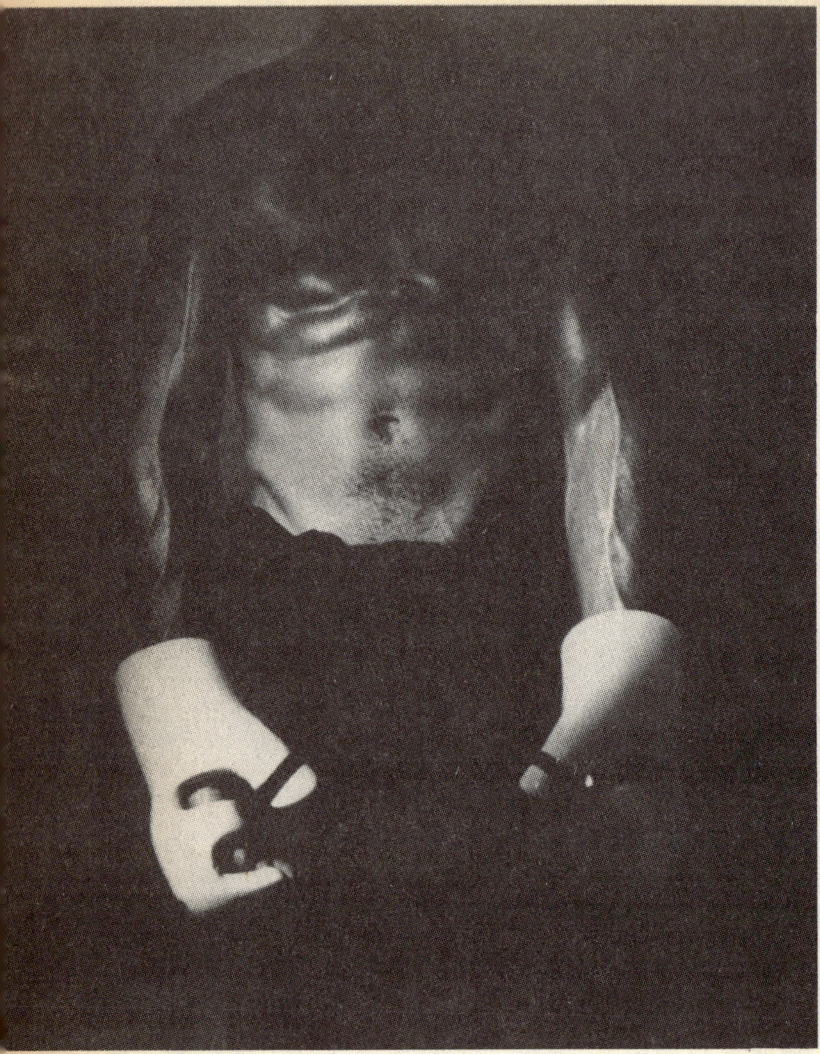

LASSE DEIN KI FLIESSEN

Erst spät in meinem Studium der Kampfkünste wandte ich mich dem Aikido, der »sanften Kunst«, zu. Natürlich kannte ich Aikido und interessierte mich auch dafür, es eines Tages zu erlernen, aber ich befaßte mich gerade sehr stark mit Karate und wollte noch warten. Bei einem Besuch in London vor einigen Jahren entdeckte ich ein Plakat, das eine Aikido-Demonstration ankündigte, und ich entschloß mich zur Teilnahme.

Das Training fand in einem Laden statt, der in einen kleinen Dojo umgewandelt worden war, im Schatten des Londoner Funkturms. Die Übungshalle war vollbesetzt mit Zuschauern, die im Schneidersitz auf der Matte saßen und den Meister beobachteten, einen jungen Japaner, der ein weißes Gewand und eine schwarze *Hakama* trug, den Rock der Aikido-Meister.

Er wirkte eher zart und verwundbar im Vergleich zu dem halben Dutzend stämmiger Männer, die ihn bedrohlich umzirkelten. Als sie näher kamen, blieb der Meister still, ruhig und im Gleichgewicht, im Auge des Sturms. Plötzlich griffen sie gleichzeitig und mit lauten Schreien an.

Was dann geschah, war unglaublich. Der Meister schien wie Wasser in die Masse der Angreifer zu fließen. Er wirbelte durch sie hindurch, sein schwarzer Rock schien sie einzuhüllen. Jedesmal, wenn sie seinen Körper zu treffen versuchten, war er nicht da. Wie bei einem Kreisel, dessen Bewegung mit wachsender Geschwindigkeit immer ruhiger zu werden scheint, so auch bei diesem Meister: Er lenkte die Energie seiner Angreifer ab und schleuderte einen nach dem anderen aus dem Zentrum des Geschehens heraus.

Nach ein paar Augenblicken war alles vorbei. Der Meister, immer noch gelassen und mit einem Lächeln auf den Lippen, wandte sich zum Publikum und verbeugte sich vor dem Applaus. Dann verneigte er sich demütig vor seinen Schülern, die sich ihrerseits respektvoll vor ihm verbeugten.

Die Bewegungen des Meisters wirkten so mühelos, daß ich unter der Oberfläche irgend etwas Unfaßbares zu spüren glaubte. »Das stimmt«, sagte er. »Es ist *Ki*, die verborgene Lebenskraft oder Energie, die man nicht sehen kann, die aber die meisten Kampfkünstler, besonders die Aikidoka, zu entwickeln suchen.«

Um eine weitere Demonstration für Ki zu geben, lud er einen interessierten Zuschauer ein, zu versuchen, ihn von der Matte hochzuheben. Das schien eine einfache Sache zu sein, also meldete ich mich. Ich faßte den Lehrer mit festem Griff um die Taille und hob an, konnte ihn aber nicht von der Stelle bewegen. Obwohl ich mindestens zwanzig Kilo schwerer war als er, schien er im Boden festgewurzelt. Dann bat er mich, ihn zu schlagen. Bevor meine Faust die halbe Strecke zwischen ihm und mir zurückgelegt hatte, wurde ich höflich, aber bestimmt auf die Matte geführt. Noch nie bin ich so blitzschnell zu Boden geworfen worden, noch nie hatte ich eine solche sanfte Kraft gespürt.

»Das ist ein Beispiel für Ki«, sagte er, während er mir aufhalf.

»Und wie kann man es entwickeln?« fragte ich.

»Nur durch Übung und die richtige geistige Haltung«, sagte er rätselhaft.
Ich nahm mir vor, mich bei meiner Rückkehr nach Los Angeles näher mit Aikido zu befassen.
Ich suchte mir eine Aikido-Schule und begann mit dem Studium dieser für mich neuen Kunst. In Gesprächen hörte ich immer wieder von Ki, und nach einer meiner ersten Trainingsstunden bat ich eine Lehrerin, eine schlanke, braunhaarige Frau, um eine Erläuterung.
»Niemand kann es dir genau erklären, Joe«, sagte sie, »aber man kann es erfahren. Ich stelle mich jetzt mal mit ausgestrecktem Arm ans Ende der Matte, und du gehst auf mich zu, direkt auf meinen Arm.«
Ich tat wie geheißen, ging auf ihren Arm zu und wurde schließlich von ihm gestoppt.
»Gut«, sagte sie, »und jetzt stell dir einen Gegenstand vor, hinter meinem Arm, und geh auf ihn zu.«
Wieder folgte ich ihrer Anweisung und ging vorwärts »durch« und über ihren Arm hinaus.
»Dieses Mal hast du deine Energie richtig nach vorne projiziert«, sagte sie. »Streck jetzt deinen Arm waagrecht nach vorn aus und leg deine Hand auf meine Schulter. Spann die Muskeln in deinem Arm an.«
Sie drückte dann mit ihren Händen auf die Innenseite meines Ellenbogens und konnte meinen Arm relativ leicht nach unten durchbiegen.
»Jetzt beuge deinen Arm leicht am Ellenbogen und entspanne ihn, solange er auf meiner Schulter ruht. Stell dir vor, dein Arm ist ein Wasserschlauch, durch den Wasser fließt, hinaus durch deine Finger, ein steter Strom, der sich in der Unendlichkeit verliert. Nichts kann diesen Fluß unterbrechen.« Dieses Mal zog sie mit beiden Händen an meinem Arm, aber trotz aller Kraftanstrengung und Hebelwirkung konnte sie ihn nicht beugen.

»Das ist eine Kostprobe für das Wirken von Ki«, sagte sie. »Jeder hat es in gewissem Maße – sogar ein Baby. Hast du schon mal ein Baby oder einen Hund hochgehoben, die keine Lust dazu hatten? Das Kind scheint schwerer zu sein, wenn es nicht mitmacht, aber wenn es aufgehoben werden will, ist es leichter. Der Grund ist, daß der Geist tatsächlich eine Kraftquelle ist, und wenn Körper und Geist harmonisch zusammenarbeiten, zeigt sich Ki. Mit Übung kann man Ki willentlich wecken.«

»Und woher kommt das Ki?« fragte ich.

»Das Ki-Zentrum ist der ›eine Punkt‹ oder Tan T'ien«, sagte sie und deutete auf einen Punkt etwa vier Zentimeter unterhalb ihres Nabels. »Das ist ungefähr die Stelle, wo der Körperschwerpunkt liegt. Ki wird definiert als eine Energie oder innere Kraft, die von dem ›einen Punkt‹ aus durch Visualisieren auf Orte außerhalb des Körpers gerichtet werden kann. Sie kann mit der Schwerkraft kombiniert werden, um Gewicht und extreme Schwere im Körper zu produzieren, wie im Fall des Kindes, das nicht aufgehoben werden möchte.

Aikidoka – wie auch die meisten anderen Kampfkünstler und Zen-Übenden – glauben, daß das gesamte Ki bzw. die Energie des Universums durch diesen ›einen Punkt‹ durch sie hindurchfließt und in alle Richtungen hinausströmt. Ganz gleich, wo du bist, du bist immer das Zentrum des Universums. Indem du deinen ›einen Punkt‹ festhältst und in deiner Mitte bleibst, fühlst du dich eins mit dem Universum, und gleichzeitig bist du dir deiner körperlichen Beziehung zum Universum total bewußt.«

Ich schüttelte meinen Kopf: »Das klingt mir ein bißchen zu esoterisch.«

»Nun, man kann es auch anders ausdrücken«, sagte sie. »Stell dir den Bauch als Ventil vor, das Wasser (oder Ki) durch alle Gliedmaßen schickt. Wenn das Ventil geöffnet ist, fließt mehr Wasser (oder Energie) durch die Beine und Arme.

Wenn du dir vorstellst, daß deine gesamte Energie durch einen Punkt im Unterbauch in deinen Körper fließt, deine Beine hinunterläuft und hinauf durch den Oberkörper in deinen Kopf – und wenn du dann mit deinem Geist diese Energie durch deinen Körper in jede gewünschte Richtung schickst –, dann könnte man davon sprechen, daß du dein Ki aussendest. Ki kann in jede Richtung ausgesandt werden, je nachdem, was du gerade vorhast.«

Für mich ist dieser Gedanke nur sehr schwer zu begreifen. Aber bei seltenen Gelegenheiten war ich mir des spontanen Fließens einer steten Kraft (oder Energie) bewußt, die meinen ganzen Körper überflutete, ohne daß ich mich bewußt darum bemüht hatte.

Jeder von uns kann, unabhängig von der Ausübung irgendwelcher Disziplinen, diese »übermenschliche« Kraft oder innere Stärke anzapfen. Zum Beispiel die nicht sonderlich kräftige Frau, die die Türe zu einem brennenden Zimmer aufbricht, in dem ihr Kind eingeschlossen ist, oder der Mann, der ein Auto hochhebt, weil das Bein seiner Frau darunter eingeklemmt ist. Unter normalen Umständen wären diese Menschen nicht fähig, solche Leistungen zu vollbringen. Aber in einer Notsituation arbeitet der Geist blitzartig und koordiniert seine Kraft mit der des Körpers, eine Technik, die der Kampfkünstler durch ständiges Üben entwickelt, bis sie schließlich spontan auftritt.

Was mich betrifft, läßt sich diese Lehre auf eine einfache Feststellung reduzieren: Es genügt völlig, zu wissen, daß so etwas wie Ki existiert – eine innere Kraft, die einem zur Verfügung steht und die die Grenzen unserer Möglichkeiten erweitert. Allein das Wissen, daß Ki in allen von uns existiert, gibt schon zusätzliche Kraft.

ZEN-ATMUNG

Es war bitter kalt. Der Atem vor meinen Augen verwandelte sich in Dunst, und mein dünner Gi fühlte sich klamm an. Draußen war es noch dunkel. Die Sonne würde erst in einer halben Stunde aufgehen. Drinnen im Dojo waren wir zwanzig, alle im Gi, und knieten auf dünnen Matten, mit aufrechtem Rücken, das Gesicht dem Meister zugewandt.

Er kniete uns gegenüber, in jeder Hand einen Holzklotz. Die Hände ruhten wie schwerelos auf seinen Knien. Er sprach mit ruhiger Stimme, und obwohl er in die Ferne zu starren schien, war ich sicher, daß er jeden von uns deutlich sehen konnte.

»Wenn ihr atmet, müßt ihr eure Lungen ganz mit Luft füllen«, sagte er. »Die meisten Menschen benützen nur die obere Hälfte ihrer Lungen. Sie füllen nicht den unteren Teil. Wenn ihr richtig atmet, benützt ihr sowohl die obere als auch die untere Hälfte eurer Lungen, wie ihr es auch im Schlaf automatisch tut.

Stellt euch vor, die Luft, die ihr atmet, sei Nebel, und visualisiert dann, wie er durch Nase und Kehle in euren Unterbauch strömt. Laßt ihn erst dort zirkulieren und dann in euren Körper, euren Armen und Beinen. Visualisiert ihn, wie er durch die verschiedene Kanäle und Meridiane eures Körpers fließt. Wenn ihr ausatmet, beobachtet den Nebel, wie er euren Mund verläßt.

Zu Anfang seid ihr euch vielleicht eures Atems zu sehr

bewußt und fangt an zu schnaufen, als ob ihr ein hartes Training macht. Wenn das passiert, fangt einfach von vorne an.«

Die Hände des Sensei beschrieben einen anmutigen Bogen vor seinem Gesicht, als er die Holzklötze zusammenschlug. Beim Klang des scharfen Klackens atmete ich mit sanft geschlossenem Mund langsam und gleichmäßig durch die Nase ein, bei gedehnter Bauchdecke, und ließ den Atem in meinem Körper etwa zehn Sekunden lang zirkulieren, bis der Klang von Holz auf Holz wieder ertönte. Es gab einen sanften, zischenden Ton, als wir alle gleichzeitig ausatmeten und etwa drei Viertel der Luft durch unsere Münder ausstießen. Dann tönte das scharfe »klack« durch den Raum, und wir atmeten wieder ein.

Schon bald stellte sich ein Rhythmus ein; ein »klack«, ein flüsternder Ton, wenn zwanzig Menschen einatmen, und dann wieder ein »klack« und ein Klang wie ein Seufzer beim gleichzeitigen Ausatmen.

In den ersten Minuten war mir eisig kalt, mein Körper war steif und rebellierte gegen die Körperhaltung und den harten Boden. Aber mit dem Fortschreiten der Atemübung wurde ich wärmer, und mein Körper entspannte sich völlig. Als die ersten Lichtstrahlen der Sonne den Raum erleuchteten, schwitzte ich stark und war bereit, mit dem Training zu beginnen.

Diese Technik des Ein- und Ausatmens ist nicht so einfach, wie es scheint. Anfangs war ich wohl der einzige in der Gruppe, der den Rhythmus nicht halten konnte. Entweder atmete ich zuviel Luft ein, oder ich ließ zuviel oder zuwenig wieder hinaus und mußte schon nach kurzer Zeit völlig außer Atem wieder von vorne beginnen.

Nach und nach erkannte ich den Sinn des Bildes, das der Sensei vorgegeben hatte: Wenn ich den Atem als Nebel visualisierte, konnte ich andere Gedanken aus meinem

Kopf vertreiben und bei totaler Konzentration auf das Atmen mich schon bald entspannen. Mein Geist war ruhig, doch wach, und ich fühlte mich körperlich friedlich und gelassen. Ich war bereit, auf die Matte zu gehen, weil ich unbehindert in jede Richtung fließen konnte, wie Wasser. Und wenn ich geworfen wurde, landete ich sanft auf der Matte, wie ein Kind, das auf eine Matratze fällt.
Ich erinnere mich, wie sehr mich die Tatsache fasziniert hat, daß sogar eine so simple Sache wie das Atmen Gegenstand des Wiedererlernens und des Meisterns sein konnte, ein Bestandteil der Ausbildung in den Kampfkünsten. Damals wußte ich nicht, daß die Atemtechnik, die ich erlernt hatte, eines Tages mein Leben retten würde.
Einige Zeit später, im Oktober 1972, befand ich mich auf Urlaub mit meiner Frau Elke in Europa. An einem schönen Sommermorgen fuhren wir durch die Weingebiete Frankreichs, als mich ein fürchterlicher Schmerz in meinem Unterbauch durchfuhr, begleitet von starken Kopfschmerzen. Schon nach kurzer Zeit hatte ich qualvolle Schmerzen im ganzen Körper. Innerhalb von einer Stunde wand ich mich auf dem Sitz und fiel mehrmals in Bewußtlosigkeit. Meine Zähne klapperten, und mein Körper schüttelte sich in Hustenanfällen. Ich mußte Elke (die glücklicherweise gerade am Steuer saß) um ein Taschentuch bitten, um meinen Mund abzuwischen, denn ich war zu schwach, um mir selbst eines aus der Schachtel zu fischen. Elke nahm mir das Tuch rasch aus der Hand, warf einen Blick darauf und warf es aus dem Fenster. Später erfuhr ich, daß es voll Blut gewesen war.
Um Zeit zu gewinnen, fuhr Elke wie der Teufel auf ungepflasterten Straßen und Gehwegen. Sie kannte die Universitätsklinik Freiburg kurz nach der deutschen Grenze, und wir würden bis dorthin nur Minuten brauchen. Immer wieder verlor ich wie im Traum das Bewußtsein.

Als wir in Freiburg ankamen, schmerzte mein ganzer Körper. Als Elke einen Arzt gefunden hatte, kam er zum Auto und rief sofort nach einer Tragbahre. Heute kann ich mich kaum noch erinnern, wie ich in den Untersuchungsraum gerollt und einigen Tests unterzogen wurde.
Ich weiß jedoch noch genau, wie die Ärzte zu Elke auf deutsch sagten, daß ich auch innerlich Blut verlieren würde. Ich hörte, wie er fragte, ob irgendwelche nächsten Verwandten zu informieren wären, und erkannte, daß ich im Sterben lag. Ich geriet in Panik. Mein Herz begann heftig zu klopfen, und jeder Herzschlag erschütterte meinen Körper. Der Arzt an meiner Seite glaubte an einen Herzinfarkt und ließ einen Fibrillator vorbereiten, der meinen Herzschlag regulieren sollte.
In diesem Augenblick dachte ich: »Das ist absurd. Ich bin schon krank genug, ein Herzinfarkt würde mir jetzt gerade noch fehlen.« Bei mühsamer Atmung, klopfendem Herzen und verkrampften Muskeln begann ich mich dazu zu zwingen, meinen Atem zu regulieren: Ich nahm tiefe Bauchatemzüge (der Bauch hebt sich beim Einatmen), hielt ein bis drei Sekunden den Atem an und stieß dann den Atem heftig aus. Ich wiederholte den Vorgang, bis ich mich auf eine entspannte Bauchatmung eingependelt hatte, die meine Konzentration erforderte – vier Takte Einatmung durch die Nase und vier Atemzüge Ausatmung durch den Mund. Diese Technik, die ich als Vorübung zum Aikido gelernt hatte, ist Bestandteil von Zen-Techniken, die einen für Außenreize unempfindlich machen. Je mehr ich mich auf meine Atmung konzentrierte, desto weniger rührte mich meine Angst vor dem Sterben. Nach ein paar Minuten hatte ich die Beherrschung über mich selbst und meinen Körper zurückgewonnen.
Bevor der Fibrillator an mein Bett gerollt wurde, war mein Herzschlag wieder normal. »Unglaublich«, sagte der

Arzt. Ich wurde wieder bewußtlos, und man rollte mich auf die Intensivstation, wo ich fünf Tage verbrachte. Zweimal während dieser Zeit stieg meine Temperatur auf über 40°, und die Ärzte sagten zu Elke, daß sie mich aufgegeben hätten. Ich erinnere mich nur daran, daß ich in dieser Zeit in einer wärmenden Hülle einen engen Tunnel hinunterschwebte, wo meine Schmerzen ein Ende hatten. Aus der Ferne konnte ich Elkes Stimme hören, die mich inständig bat, nicht zu sterben.
Jedesmal, wenn das geschah, begann ich, meine Atmung zu regulieren. Drei Wochen später wurde ich aus dem Krankenhaus entlassen. Ich hatte die Weillsche Krankheit überlebt, eine seltene Infektionskrankheit mit in vielen Fällen tödlichem Ausgang. (Ich war der erste Fall in Deutschland seit über vierzig Jahren.) Das tropenmedizinische Institut sagte, ich hätte mir die Krankheit durch verseuchtes Wasser in Spanien geholt.
Ein paar Jahre früher, und ich wäre bestimmt gestorben, weil ich die Zen-Atemtechnik noch nicht kannte. Seither hat sich diese Technik besonders in stressigen oder angsterregenden Situationen als nützlich erwiesen, wenn meine Atmung unregelmäßig wurde und Angst geordnete Gedankenabläufe unmöglich machte, was sowohl Körper als auch Geist blockiert.
Vor bestimmten Geschäftsterminen oder persönlichen Begegnungen versuche ich mich in einen entspannten Zustand zu versetzen, indem ich meine Atmung kontrolliere. Das entkrampft und erfrischt mich und beruhigt meinen Geist. Kontrollierte Atmung beruhigt, gibt Selbstvertrauen und Kraft.

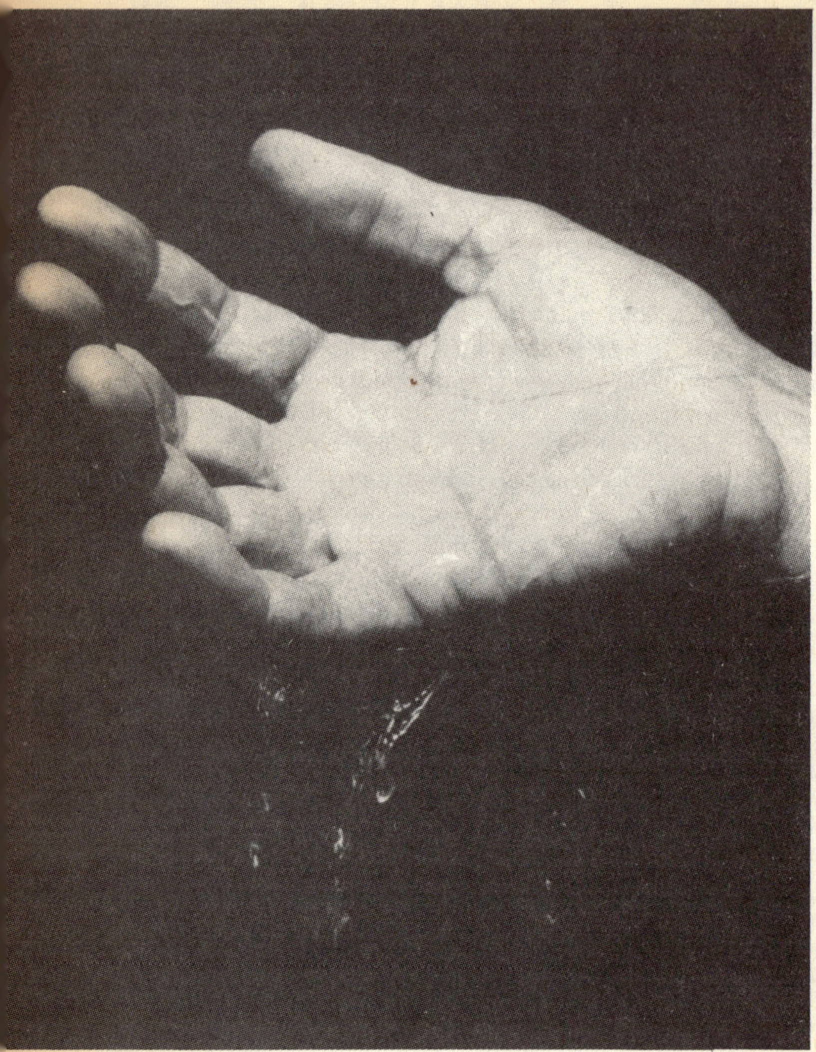

FLIESSE MIT DEM STROM

Mein Partner und ich übten *Shomen-ate*, den ersten Bewegungsablauf im *Randori-No-Kata* von Aikido. Bei dieser Übung muß ich als Verteidiger einem geraden Schlag zum Gesicht so begegnen, daß ich zur Innenseite des angreifenden Armes gleite und den Angreifer nach rückwärts werfe, indem ich meine Hand auf sein Kinn führe und dabei mit meinem Körper nach vorne rücke.
Mehrere Male machte ich die Übung, konnte aber meinen Partner nicht von der Stelle bewegen. Zum Schluß war ich etwas verzweifelt und wandte simple Körperkraft an: er fiel zu Boden.
In diesem Augenblick tippte mir jemand leicht auf die Schulter. Ich drehte mich um, die Assistentin des Meisters schaute mir mißbilligend in die Augen.
»Du hast die Kraft seines Angriffs frontal abgefangen«, sagte sie tadelnd. »Weil du stark bist, bist du damit durchgekommen, aber dir ist es nur gelungen, seine Kraft zu stoppen, nicht aber seine Angriffsabsicht. Wenn dich jemand schlägt, dehnt er sein Ki in deine Richtung aus; es beginnt zu fließen, schon wenn er daran denkt, dich zu schlagen – noch bevor sich sein Körper bewegt. Sein Handeln wird von seinem Denken gesteuert. Du brauchst dich überhaupt nicht mit seinem Körper zu befassen, wenn du seinen Geist und den Fluß seines Ki umlenken kannst.

Das ist das Geheimnis: Lenke seinen Geist von dir ab, und der Körper wird folgen.«
»Und wie kann ich seinen Geist von mir ablenken?« fragte ich.
»Indem du den Fluß seines Ki nicht störst oder ihn auf deine Absicht aufmerksam machst. Du ziehst nicht, du drückst nicht, du schlägst nicht, du berührst nur seinen Körper zart und sanft und führst ihn, wohin du es wünschst. So wird sein Geist nicht gestört, und sein Körper wird folgen. Das grundlegende Prinzip im Aikido«, fuhrt sie fort, »besteht darin, einer Kraft, die auf einen zukommt, so nachzugeben, daß sie dich nicht verletzen kann, und gleichzeitig ihre Richtung zu ändern, indem du von hinten schiebst, statt zu versuchen, ihr von vorne standzuhalten. Der Aikidoka stellt sich niemals der Kraft des Gegners entgegen. Statt dessen lenkt er dessen Kraft weg von sich selbst. Wesen und Prinzip von Aikido ist es, das offene Aufeinanderprallen zu vermeiden und niemals der Kraft des Angreifers frontal zu begegnen. Das gleiche Prinzip wenden wir auf Schwierigkeiten im Alltag an. Der erfahrene Aikidoka ist so schwer faßbar wie die Wahrheit des Zen. Er verwandelt sich in ein Koan – ein Rätsel, das sich um so mehr entzieht, je mehr man es lösen will. Wie Wasser gleitet er durch die Finger desjenigen, der ihn zu fassen bekommen möchte. Wasser zögert nicht, bevor es nachgibt, denn in dem Augenblick, wo sich die Finger schließen, verschwindet es – nicht aus eigener Kraft, sondern indem es sich den Druck zu eigen macht, der auf es ausgeübt wird. Vielleicht ist deshalb das Wasser eines der Symbole für Aikido.«
Kurz nach diesem Training hatte ich die Chance, einige der Aikido-Prinzipien zu testen, die mir die Assistentin vermittelt hatte. Während einer geschäftlichen Unterredung merkte ich, daß ein Kollege es auf eine emotionale

Konfrontation mit mir angelegt hatte. Entschlossen, ihr möglichst aus dem Weg zu gehen, vermied ich es, auf seine erste Attacke zu reagieren, um einem direkten Zusammenprall auszuweichen. Im Verlauf des Disputs gab ich zu, daß seine Argumente durchaus brauchbar seien. Gleichzeitig versuchte ich, seinem Zorn eine andere Richtung zu geben. Ich gab meinem »Gegner« Gelegenheit, seine Energie und seinen Zorn verrauchen zu lassen, und reagierte nicht oder zahlte in gleicher Münze zurück. So konnte ich einer offenen Auseinandersetzung den Boden entziehen. Nach kurzer Zeit zuckte er mit den Schultern und verließ die Runde.

> Das Weiche besiegt das Harte,
> das Schwache triumphiert über das Starke.
> Das Geschmeidige ist stets
> dem Unbeweglichen überlegen.
> Das ist das Prinzip der Beherrschung
> der Dinge, indem man sich ihnen anpaßt:
> das Prinzip der Meisterschaft durch
> Anpassung.
>
> *Lao Tse*

ZORN OHNE HANDELN

Wing-Chun-Training wird oft aus nächster Nähe abgehalten, und schon bald gewöhnte ich mich an den Luftzug von Händen und Füßen, die gefährlich nahe an meinen Augen und meinem Gesicht vorüberpfiffen. Gelegentlich berührte mich ein Partner aus Versehen, und meist fühlte ich dann eine Zorneswelle in mir aufsteigen.

Eines Tages nahm mich Jim Lau nach dem Training beiseite: »Wenn du getroffen wirst, verkrampfst du dich, und ich fühle Zorn und den Wunsch, zurückzuschlagen«, sagte er.

Ich schämte mich. Er hatte meine Reaktionen nur zu gut interpretiert. »Ich weiß, daß ich nicht wütend werden sollte, aber ich kann nicht anders«, sagte ich.

Jim lächelte. »Es ist nichts Schlimmes daran, aggressive oder feindselige Gefühle gegenüber anderen zu hegen. Wenn du diese Gefühle annimmst, mußt du nicht mehr vorgeben, zu sein, was du nicht bist. Du kannst lernen, diese Stimmung zu akzeptieren. Schlimm ist jedoch, wenn du ihnen erlaubst, dein Wesen zu bestimmen. Wenn du deine Aggressivität oder Feindseligkeit auf einen anderen Menschen losläßt, dann weckst du damit Aggression und Feindseligkeit beim Gegenüber. Die Folge ist eine direkte Konfrontation, die alle wahren Kampfkünstler zu vermeiden suchen. Zorn erfordert nicht unbedingt Handeln.

Wenn du im Zorn handelst, verliert du die Selbstkontrolle.« Jim sah mich nachdenklich an. Dann fuhr er fort: »Wie kannst du erwarten, jemand anderen zu kontrollieren, wenn du dich selbst nicht beherrschen kannst? Das ist ein Grundgedanke in den Kampfkünsten.«

Am Wochenende darauf hatte ich beruflich in New York zu tun. Ich traf nach einem Nachtflug um sieben Uhr morgens in meinem Hotel ein, nur um festzustellen, daß mein Zimmer erst in vier Stunden bereitstehen würde. Ich war müde und hatte mich auf eine kurze Ruhepause vor meinen Terminen gefreut.

Ich ließ den Geschäftsführer rufen, während ich mich selbst immer mehr in Rage brachte und in meinem Kopf schon durchspielte, was ich ihm alles an den Kopf werfen würde, wenn er oder sie mir nicht auf der Stelle ein Zimmer geben würde. Als die Geschäftsführerin kam, rauchte ich vor Wut. Ich sprach im Zorn. Meine Haltung provozierte auch bei ihr Zorn, und schon bald lagen wir in hitzigem Streit. Ich hatte Jim Laus Worte vergessen und eine frontale Konfrontation vom Zaun gebrochen.

Als ich mich wieder abgekühlt hatte, entschuldigte ich mich bei der Geschäftsführerin für mein schlechtes Benehmen. »Sie haben mich wirklich auf dem falschen Fuß erwischt«, sagte sie. »Ich hatte die Absicht, für Sie alles zu tun, was in meiner Macht stand, aber als Sie so heftig aufbrausten, vergaß ich meine guten Absichten und entschloß mich, nichts zu tun, um Ihnen zu helfen.«

Wieder erkannte ich die praktische Anwendung der Kampfkünste im Alltag. Diese Erfahrung war mir eine Lehre, die ich nicht so schnell vergessen werde. Zorn ist niemals ein guter Ratgeber. Wenn Sie Ihre Fassung verlieren, verlieren Sie sich selbst – auf der Matte wie auch im Leben.

Beherrsche Deine Gefühle,
sonst werden sie Dich beherrschen.

Chinesisches Sprichwort

Der Zornmütige wird sich selbst
sowohl im Kampf als auch im Leben
besiegen.

Samurai-Spruch

ERKENNE EINE REALE BEDROHUNG

Bevor ich mit dem Studium der Kampfkünste begann, war es für andere ein leichtes, mich mit täuschenden Fassaden von Kraft und Stärke einzuschüchtern – aggressive Arroganzlinge, unnachgiebige Menschen, überhebliche Kellner, Muskelprotze, eingebildete Intellektuelle, aufdringliche Hausierer, geringschätzige Autohändler. Bei Konfrontationen mit solchen Menschen reagierte ich meist extrem. Entweder zog ich mich augenblicklich aus der Situation zurück, fühlte mich unterlegen, befangen oder war wütend auf mich selbst, oder ich brauste zornig auf und ließ es auf eine direkte Auseinandersetzung ankommen.

Meine Reaktion im Dojo auf einen einschüchternden, aggressiven Gegner war gewöhnlich genau die gleiche, und das waren auch die Symptome. Ich verkrampfte, regte mich auf und neigte zu unangemessenen Reaktionen.

Eines Tages nahm mich Bruce Lee hinaus zur Mitte der Garagenauffahrt bei meinem Haus. Er ließ mich stillstehen und ein Bein so weit wie möglich nach vorne stellen. Dann sollte ich mich langsam um das Standbein drehen, während er einen Kreidekreis um mich herum zeichnete, dessen Radius der Länge meines ausgestellten Beins entsprach. Bruce stand dann in einiger Entfernung von mir am Rande des Kreises und machte einige Finten und aggressive Bewegungen. Ich wurde steif und erwartete seinen Angriff.

»Du bist verkrampft«, sagte er, »aber wieso? Aus dieser Entfernung kann ich dich unmöglich verletzen.«

Dann kam er ein Stück näher, bis seine Füße die Kreislinie betraten. Wieder wurde ich steif, und wieder tadelte mich Bruce. »Ich bin immer noch nicht nahe genug, um dich zu verletzen, also warum entspannst du dich nicht?«

Plötzlich machte Bruce einen Schritt in den Kreis hinein. Instinktiv wich ich zurück. »Gut«, sagte er, »du hast deinen Kreis zurückgenommen, so daß ich keine Bedrohung für dich sein kann. Angenommen, ich stehe genau am Rand deines Kreises. Bin ich dann eine echte Bedrohung für dich?«

Ich schüttelte den Kopf. »Eigentlich nicht. Aber was ist, wenn ich innerhalb meines Kreises körperlich bedroht werde?«

»Wenn dein Gegner in deinem Kreis ist und du nicht weiter zurückweichen willst oder kannst, dann mußt du kämpfen. Aber solange das nicht der Fall ist, solltest du Kontrolle und Abstand wahren.«

Mit der Entwicklung meiner Fähigkeiten in den Kampfkünsten wuchs auch mein Selbstvertrauen. Ich war fähig, gelassen zurückzustehen: Mein Gegner verausgabte sich mit Finten oder Einschüchterungsversuchen, weil ich mir sicher war, daß ich ihn, wenn nötig, besiegen konnte.

Schon bald hatte ich Gelegenheit, diese innere Haltung in mein Berufsleben zu übertragen. Bei einer Sitzung bekam ich es mit einem aggressiven Menschen zu tun, der gewohnt war, Streit mit Untergebenen für sich zu entscheiden, indem er sie in die Defensive drängte. Ich merkte schnell, daß seine Einschüchterungsversuche keine echte

Bedrohung für mich waren – schließlich arbeitete ich nicht für ihn. Ich hatte deshalb keinen Grund, aggressiv zu reagieren, und war gleichzeitig sicher, gute Arbeit geleistet zu haben. Er versuchte, mich mit Worten zu provozieren. Wenn es mir gelänge, ihn am Rand meines mentalen Kreises zu halten, würde er schon bald alle feindselige Energie, die er aufbringen konnte, erschöpft haben, ohne daß ich ihn zusätzlich angestachelt hätte.
Wer andere gerne einschüchtert, ernährt sich geradezu von den Reaktionen seines Opfers. Bleiben sie aus, läuft er rasch ins Leere, was dann auch geschah. Der Mann zuckte schließlich mit den Schultern und gab auf. Es hatte keinen echten Streit zwischen uns gegeben, und dennoch hatte er das Match verloren.
Meister Hans Rat zur Abwehr einschüchternder Menschen und angsterregender Situationen lautet: »Ich entscheide niemals sofort, selbst wenn ich unter Freunden bin«, sagte er. »Das richtige Vorgehen ist, noch zweimal öfter nachzudenken. Geduld ist ein Teil davon. Um Einschüchterung aus dem Weg zu gehen – denke mehr und reagiere weniger.«

> Körperlich kann ich Dich mit oder ohne Grund besiegen. Deinen Geist aber kann ich nur besiegen, wenn ich einen Grund habe.
>
> *Jim Lau*

KIME – STRAFFE DEINEN GEIST

Es muß schon ein etwas lächerlicher Anblick gewesen sein: Zwei Männer in mittleren Jahren mit Kopfschutz und Boxhandschuhen beharken sich gegenseitig auf der Garagenauffahrt eines Vorstadt-Hauses. Stirling Silliphant und ich waren gerade dabei, einige der Jeet-Kune-Do-Techniken auszuprobieren, die Bruce Lee uns beigebracht hatte.

Ich war so sehr damit beschäftigt, Bruce zu demonstrieren, wieviel ich schon gelernt hatte, daß meine Konzentration flötenging. Ich hatte versucht, Stirlings Bewegungen nachzuahmen, statt auf sie zu reagieren. Ständig achtete ich auf meine Fußstellung, statt meiner Erfahrung zu erlauben, ganz von selbst in die richtige Position zu gleiten. Ich war mit allem möglichen beschäftigt, außer mit dem, was wichtig war: Losmarschieren und Treffer landen.

»Okay, das genügt«, rief Bruce, der als Schiedsrichter fungiert hatte. »Ihr bewegt euch wie Elefanten, stoßt wie Ackergäule und kündigt eure Schläge an wie Morsezeichen.«

Bruce wandte sich dann zu mir: »Joe«, sagt er, »du bist mehr damit beschäftigt, wie du Stirlings Schlag blocken kannst, statt ihn abzufangen und dann selbst einen anzubringen. Ich weiß nicht, wo dein Kopf gerade ist, aber sicher nicht da, wo er hingehört. Du solltest dich darum kümmern, auf Stirling so viel Druck auszuüben, daß du Fußarbeit, Gleichgewicht und Bewegungsfreiheit störst. Und schau nur, wie erschöpft du bist, aber erreicht hast du gar nichts.«

Das war nur der Anfang einer niederschmetternden Kritik, die mit diesen Worten endete: »Wie oft habe ich euch beiden schon gesagt, alle Energie des Körpers und Geistes gleichzeitig immer nur auf ein Ziel zu konzentrieren. Das Geheimnis von *Kime* (Straffung des Geistes) ist es, alle von außen kommenden Gedanken auszuschließen, Gedanken, die sich nicht mit dem Erreichen eures unmittelbaren Ziels befassen.«

Später sprach Bruce noch einige Minuten lang allein mit mir. »Ein guter Kampfkünstler richtet seinen Geist immer nur ausschließlich auf eine Sache«, sagte er. »Er nimmt alles, wie es kommt, bringt es hinter sich und wandert zum nächsten Augenblick. Wie ein Zen-Meister macht er sich keine Sorgen um Vergangenheit und Zukunft, er ist nur mit dem, was er im Augenblick, in der Gegenwart tut, befaßt. Weil sein Geist straff ist, ist er gelassen und fähig, Kraft in Reserve zu halten. Dann bleibt nur noch Raum für einen einzigen Gedanken, der sein ganzes Sein ausfüllt wie Wasser einen Krug. Du hast eine gewaltige Menge Energie verschwendet, weil du deinen Geist nicht auf einen Punkt gebracht und konzentriert hast. Denk immer daran: Ein diffuser Geist verschwendet Kraft – im Leben wie auf der Matte.«

»Und wenn ich meinen Geist nicht von anderen Gedanken befreien kann, was dann?«

Bruce lachte. »Dann ist dein Geist nicht straff«, antwortete er.

Ich habe sehr lange gebraucht, um Kime zu meistern, und ich habe immer noch einen langen Weg vor mir. Aber ich habe entdeckt, daß meine geistigen und körperlichen

Kräfte vereint und gebündelt sind, wenn mein Geist straff ist. An Tagen mit konzentrierter Arbeit habe ich mehr gearbeitet und war am Ende weniger erschöpft als an Tagen, wo ich leicht abzulenken war.

> Du magst lange, lange Zeit üben, aber wenn Du nur Deine Hände und Füße bewegst und auf und ab hüpfst wie eine Marionette, dann ist das Karate-Studium nicht viel anders als das Tanzenlernen. Du wirst nie zum Kern der Dinge vordringen. Du wirst die Quintessenz von Karate-Do nicht begriffen haben.
>
> *Gichin Funakoshi*

MUSHIN – LASSE DEINEN GEIST FLIESSEN

Nach einem munteren Training in der Sonne saßen Bruce Lee und ich im Garten bei einem Glas Saft. Er war entspannt, und es schien ein guter Zeitpunkt, ihm eine Frage zu stellen, die mir schon seit längerer Zeit durch den Kopf ging. »Was würde in einem echten Kampf passieren – wenn du gezwungen wärst, um dein Leben zu kämpfen? Wie würdest du reagieren und was würdest du tun?«
Bruce wurde ernst, stellte sein Glas auf den Tisch und faßte mit der Hand an sein Kinn – ein Zeichen dafür, daß er seine Antwort sorgfältig abwog.
»Ich habe oft darüber nachgedacht«, sagte er schließlich. »Wenn es ein echter Kampf wäre, würde ich meinen Gegner schwer verletzen, vielleicht sogar töten. Und wenn ich dafür vor Gericht käme, dann würde ich dafür plädieren, daß ich für mein Handeln nicht verantwortlich war. Ich habe auf den Angriff unbewußt reagiert. ›Es‹ hat ihn getötet, nicht ich selbst.«
»Was meinst du damit?« fragte ich.
»›Es‹ bedeutet, daß du handelst, ohne dir dessen bewußt zu sein, du handelst einfach. Etwa so, wie wenn du mir einen Ball zuwirfst und meine Hände sich – ohne jeden Gedanken – heben und ihn fangen. Oder wenn dir ein

Kind oder ein Tier vors Auto läuft und du automatisch auf die Bremse trittst. Wenn du einen Schlag anzubringen versuchst, fange ich ihn ab und schlage zurück, aber ohne dabei zu denken. ›Es‹ geschieht einfach.«
Er merkte, daß ich immer noch etwas verwirrt war, und lachte. »Das ist also noch was für das Buch, das du immer schreiben willst«, sagte er. »›Es‹ ist ein bestimmter geistiger Zustand, den die Japaner *Mushin* nennen, was wörtlich soviel wie ›leerer Geist‹ bedeutet. Die Zen-Meister sagen, daß *Mushin* operiert, wenn der Handelnde von der Handlung getrennt ist und keine Gedanken das Handeln stören, weil die unbewußte Handlung die freieste und unbehindertste ist. Wenn *Mushin* wirkt, dann bewegt sich der Geist wie ein Bach von einer Aktivität zur anderen und füllt jede Lücke und jeden Zwischenraum.«

»Und wie erreicht man diesen Zustand des leeren Geistes?« fragte ich.

»Nur durch Üben und nochmals Üben, bis du ohne bewußte Anstrengung handeln kannst. Dann wird deine Reaktion automatisch.«

»Ich gehe nur schnell ins Büro und hole das Tonband«, sagte ich.

»Tu das«, sagte Bruce, »in der Zwischenzeit hole ich ein Buch für dich aus meinem Wagen.«

Als ich in den Garten zurückkam, lag ein zerlesenes Buch vor Bruce. Es war ein Werk des großen Zen-Meisters und Schwertkämpfers Takuan, der als einer der ersten die Prinzipien des Zen auf die Psychologie des Schwertkampfes übertrug. Bruce öffnete das Buch und las laut daraus vor:

Der Geist muß stets im Zustand des Fließens sein, denn wenn er irgendwo haltmacht, heißt das den Fluß zu unterbrechen, und diese Unterbrechung ist es, die schädlich für das Wohl des Geistes ist. Bei einem Schwertkämpfer bedeutet sie den Tod.
Wenn sich der Schwertkämpfer dem Gegner stellt, dann darf er nicht an den Gegner, nicht an sich selbst und nicht an die Bewegung des feindlichen Schwerts denken. Er steht nur da mit seinem Schwert, denkt nicht an die Technik und ist bereit, ausschließlich den Anweisungen seines Unbewußten zu folgen. Der Mann hat sich als Träger des Schwerts selbst ausgelöscht. Wenn er zustößt, dann ist es nicht der Mann, sondern das Schwert in den Händen des Unbewußten, das zustößt.

Bruce machte eine Pause. »Verstehst du jetzt, was ich mit ›Es‹ meine?«
Ich hatte es intellektuell verstanden, aber es sollten noch Jahre vergehen, bis die Erkenntnis in meine Knochen übergegangen war. Nach vielen Monaten der Übung einer speziellen Wing-Chun-Bewegung bei Jim Lau – *Bong Sao*, ein Ellenbogen-Block – kam ein Tag, als mein Ellenbogen plötzlich ohne jeden bewußten Grund in die Höhe flog.
»Sehr gut«, sagte Jim. »Du hast nicht einmal daran gedacht, aber dein *Bong Sao* war perfekt.«
Nach und nach wurden viele meiner Techniken korrekt, sie geschahen einfach. Mushin begann zu wirken. Ich erkannte, daß ich meinen Geist einfach fließen ließ, statt ihn auf das Nachdenken über das, was ich gerade tat, zu begrenzen. Meine Reaktionen wurden instinktiv und unmittelbar – das Ergebnis langer Stunden der Übung und des Vertrauens in den Meister und seine Lehren.
Bald nachdem ich überzeugt war, Mushin gemeistert zu

haben, stand ich auf der Matte für einen weiteren Wing-Chun-Wettkampf, voll Selbstvertrauen und gewiß, daß ich, wenn schon nicht einen unbesiegbaren, so doch einen Klasse-Gegner abgeben würde. »Es« war bereit, für mich in Aktion zu treten. Vom ersten Augenblick an liefen die Dinge schief: Mein Gegner machte die Punkte, während ich darauf wartete, daß »Es« geschah, was nie passierte. Und je mehr ich an »Es« dachte, desto aufgeregter wurde ich.

Als ich Jim Lau von meiner Niederlage erzählte, lachte er. »Du hast gedacht, du hättest eine Lektion begriffen«, sagte er. »Du hast dich blockiert. Wenn du Gedanken daran verschwendest, mit deinen Fähigkeiten anzugeben oder einen Gegner zu besiegen, dann wird diese Befangenheit dein Handeln störend beeinflussen, und du wirst Fehler machen. Das Gefühl, daß du selbst handelst, muß verschwinden. Das Befangensein mit dir selbst muß der Konzentration weichen. Dein Geist muß sich frei bewegen und auf jede Situation unmittelbar reagieren können, damit kein Raum für das Selbst bleibt.

Wenn du beispielsweise Angst hast, daß dein Geist erstarren könnte, blockierst du und wirst besiegt. Wenn dein Geist auf den Sieg oder das Besiegen deines Gegners gerichtet ist, dann kannst du nicht instinktiv handeln. Du mußt deinem Geist gestatten, frei und ungehindert zu fließen. In dem Augenblick, wo dir bewußt wird, daß du dich um Harmonie bemühst und dich anstrengst, um sie zu erreichen, gerade dann unterbricht dieser Gedanke den Fluß, und der Geist blockiert.

Jetzt hältst du den Schlüssel zu dem alten Zen-Rätsel in der Hand: ›Wenn man danach sucht, kann man es nicht finden.‹

Dein Geist stoppt unweigerlich in dem Augenblick, wo du deine Aufmerksamkeit auf den Gedanken von Angriff

oder Verteidigung richtest. Diese Gedanken erzeugen eine Lücke, die man *Suki* nennt, ein Intervall, und das bringt deinen Gegner in Vorteil, weil du nicht schnell genug reagieren kannst, um seine Bewegung zu kontern.«
»Und wie kann ich die Blockade auflösen?« fragte ich.
»Der schlimmste Fehler ist es, die Blockade zu blockieren. Das beste ist, sie einfach zu akzeptieren, wenn sie auftaucht. Du wirst erfahren, daß sie sich in der Regel von selbst auflöst.«
»Gibt es denn keinen anderen Weg, meine Gedanken wieder zum Fließen zu bringen?«
»Ja«, sagte Jim, »bleib bei deinem Training, damit du instinktiv statt intellektuell handelst.«
»Damit hat sich der Kreis zu Mushin geschlossen«, sagte ich.
»Richtig«, sagte er. »Ist dir schon einmal aufgefallen, wie mühelos ein professioneller Sportler seine Leistung bringt? Training und Übung lösen das bewußte Streben ab, und er tut es einfach. Ich bin sicher, daß Jimmy Connors nicht mehr daran denkt, wie er den Tennisball nun schlagen soll, genausowenig wie Bernhard Langer sich lange damit aufhält, wie er einen Golfball behandeln soll. Sie gehen einfach zur Sache. Skifahrer haben ein Gefühl für das Terrain, auf dem sie fahren, und wenn eine Haltungsänderung nötig wird, läuft das ganz automatisch ab, ohne nachzudenken – *Mushin.*«

Weniger ist mehr

Ein Junge reiste einst quer durch ganz Japan, um die Schule eines berühmten Kampfkünstlers zu besuchen. Als er zum Dojo kam, erhielt er eine Audienz beim Sensei.
»Was wünschst du?« fragte der Meister.
»Ich möchte Ihr Schüler und der beste Karateka im ganzen Land werden«, antwortete der Junge. »Wie lange muß ich trainieren?«
»Mindestens zehn Jahre«, sagte der Meister.
»Zehn Jahre sind eine lange Zeit«, sagte der Junge. »Was ist, wenn ich doppelt so hart trainiere wie alle anderen Schüler?«
»Zwanzig Jahre«, antwortete der Meister.
»Zwanzig Jahre! Und wenn ich Tag und Nacht mit all meiner Kraft übe?«
»Dreißig Jahre«, war die Antwort des Meisters.
»Wie kommt es, daß es um so länger dauert, je mehr ich mich anstrenge?« fragte der Junge.
»Die Antwort liegt auf der Hand. Wenn ein Auge auf das Ziel gerichtet ist, bleibt nur das andere Auge, um den *Weg* zu finden.«

Anonym

INSTINKTIVES HANDELN

Einige Kampfkünstler erlangen einen Bewußtseinszustand, der an eine Art sechsten Sinn denken läßt. Es ist das totale Einssein mit sich selbst und der Umwelt, auf das auch die Zen-Übenden abzielen. Es bewirkt Gelassenheit und Losgelöstheit auch in bedrohlichen Situationen, wo Furcht oder Zorn scheinbar die natürliche Reaktion wären. Aufgrund seiner Ausbildung reagiert ein Kampfkunst-Meister nicht »persönlich«, sondern fast wie ein Naturgesetz. Ein Blitz schlägt ein, der Donner folgt; der Wind pfeift, der Baum neigt sich; der Angriff kommt, die Reaktion folgt. »Es« geschieht.

Im japanischen Filmklassiker *Die sieben Samurai* müssen sich erwerbslose Samurai einer Prüfung ihrer Schwertkunst unterziehen. In einem Hausgang, durch den jeder von ihnen gehen soll, hat der Dorfälteste einen jungen Mann versteckt. Betritt einer der Samurai die Schwelle, dann soll der junge Mann aus dem Hinterhalt mit einem Stock zuschlagen, um die Reaktion des Kriegers zu prüfen.

Der erste Schwertkämpfer bezieht Prügel und besteht die Prüfung nicht. Der zweite Mann weicht dem Schlag aus, schlägt seinerseits den jungen Mann und erweist sich ebenfalls als untauglich, weil er im Zorn reagiert hat. Der dritte Samurai spürt die Gegenwart des Gegners im Haus, bleibt am Eingang stehen und sagt zu dem Mann, der sich dort versteckt hält, er möge einem kampferprobten Krieger keinen solchen Streich spielen. Er beweist den sechsten Sinn, nach dem die Dorfältesten Ausschau gehalten hatten.

Wissen und Handeln sind ein und dasselbe.

Samurai-Spruch

Um zu siegen, mußt Du in die Haut Deines Gegners schlüpfen. Wenn Du Dich selbst nicht kennst, wirst Du immer verlieren. Wenn Du Dich selbst kennst, wirst Du die Hälfte Deiner Kämpfe gewinnen. Wenn Du Dich und Deinen Gegner kennst, wirst Du immer siegen.

Tsutomu Oshima

Die Kenntnis der Technik reicht nicht aus. Man muß die Techniken transzendieren, damit die Kunst eine kunstlose Kunst wird, die dem Unbewußten entspringt.

Daisetz Suzuki

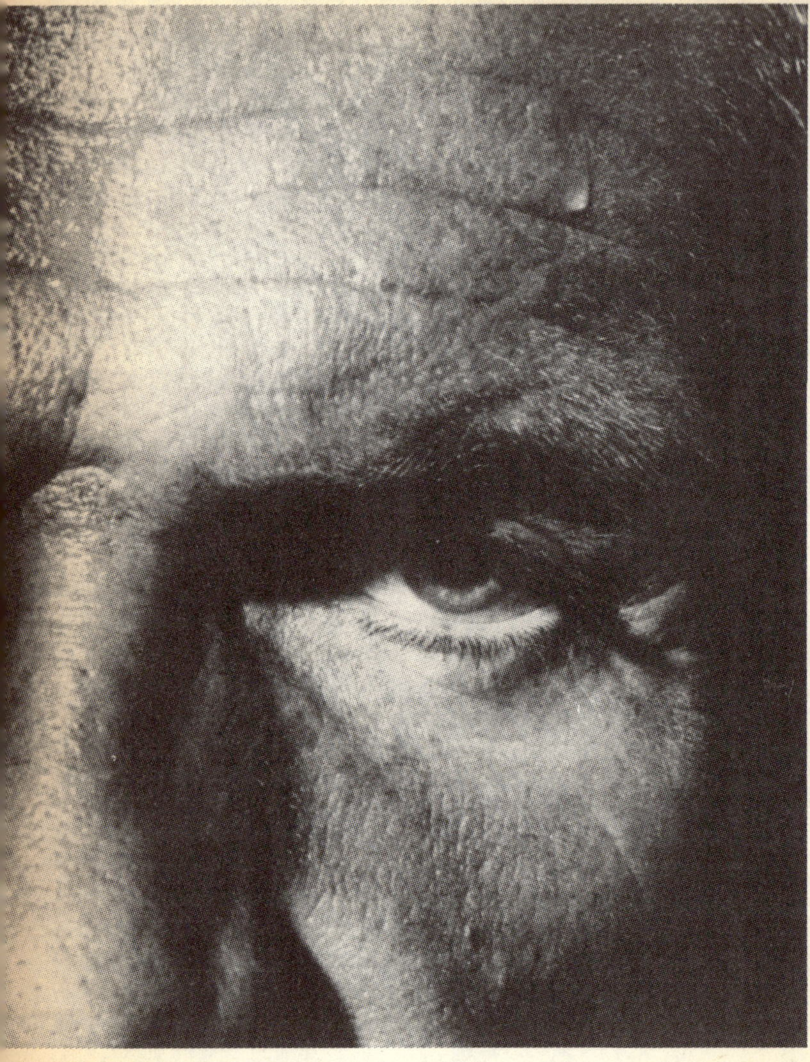

SCHMERZ FORTDENKEN

Kampfkünstler oder *Karateka* werden im Laufe ihres Trainings oft verletzt. Sie waren deshalb gezwungen, wirksame Methoden für den Umgang mit Schmerz zu entwickeln. Die meisten Kampfkünstler sind keine Zen-Meister, sondern praktische Menschen, die Zen üben. Nur selten philosophieren sie über das, was sie gelernt haben, obwohl sie häufig miteinander Erfahrungen austauschen.
Eines Nachmittags im Frühling 1975 besuchte ich den Dojang von Jong Tae Lee, ein Meister mit dem 7. Dan im Tae Kwon Do. Lee hatte einen Wettkampf mit dem Boxer Mike Quarry zugestimmt, der im Astrodome in Houston stattfinden sollte, und ich ging mit Pat Strong in Lees Studio, um ihn beim Training zu beobachten.
Wir trafen ihn allein in einer Ecke des Dojang an, wo er mit bloßen Fäusten ein *Makawara*-Brett traktierte – ein dicker hölzerner Pfosten, an die Wand genagelt und umwickelt mit Reisstroh. Seine Konzentration war so vollkommen, daß er seine Besucher nicht bemerkte. Blut tröpfelte von Lees Fingerknöcheln auf das Brett, aber immer wieder schlug er kraftvoll und rhythmisch mehrere Minuten lang zu, bevor er aufschaute. Dann erst sah er uns und kam über die Matte herüber.
Lee ist weder groß noch schwer, aber er wirkt einfach gewaltig. Man hat den Eindruck, als ob er in seine

abgetragenen, schwarzen Gi hineingegossen sei. Kraftvolle Muskeln dehnen jeden Zentimeter des Stoffs. Seine Füße wirken wie Eichenklötze, aber er bewegt sich mühelos, fast als ob ein Seil, das an seinem Körperschwerpunkt angebracht ist, ihn zu uns herüberzöge. Ich erinnere mich, daß ich noch dachte, sein bloßer Anblick auf der Matte müsse dem Gegner Angst einjagen. Aber sein Gesicht war heiter, und Augen und Mund lächelten, als er sich verbeugte und dann auf traditionelle Weise meine Hände schüttelte – wobei die linke Hand leicht das rechte Handgelenk berührte.

Ich bemerkte, daß die Knöchel an Lees rechter Hand wie rohes Fleisch waren, und fragte ihn, ob seine Hand schmerze. Er sagte, daß er nichts gespürt habe, bis gerade jetzt, wo er daran dachte.

»Aber während der Übung muß es doch weh getan haben«, sagte ich.

Lee schüttelte seinen Kopf. »Nein.« Dann erzählte er uns die folgende Geschichte. »Mein Meister in Korea war achtundachtzig Jahre alt, als er sich eine schwere Nasen- und Stirnhöhleninfektion einfing. Die Ärzte sagten, er müsse sofort operiert werden. Als sie ihm ein Betäubungsmittel gegen die Schmerzen geben wollten, weigerte er sich. Die Ärzte hatten Bedenken, ihn ohne das Mittel zu operieren, aber mein Meister blieb beharrlich.

Schließlich stimmten die Ärzte zu, baten mich aber, dabeizubleiben. Mein Meister schloß die Augen und entspannte sich, während die Ärzte das Skalpell ansetzten. Die Operation dauerte zwei Stunden, und in der ganzen Zeit hat sich mein Meister kein einziges Mal vor Schmerz bewegt oder auch nur mit den Muskeln gezuckt. Nicht ein einziges Mal änderte sich sein Gesichtsausdruck.

Als die Operation vorüber war, öffnete er seine Augen

und stand vom Tisch auf. Mein Meister zeigte keinen Schmerz, weil er seinen Geist auf etwas anderes gerichtet hatte.«

»Wie ist das möglich?« fragte ich.

»Reguliere deinen Atem, richte deine Augen und deinen Geist auf etwas anderes – etwa einen Stein oder eine Stelle an der Decke. Konzentriere dich auf das Objekt, rieche es, schmecke es, gib ihm Farbe und rieche seine Dimensionen. Laß es all deine Gedanken und deine Konzentration aufnehmen, dann wird der Schmerz nachlassen. Als ich bei eurer Ankunft das Makarawa-Brett schlug, war mein Geist in meiner koreanischen Heimat. Ich war in meinem Dojang, aber ich sah die Berge, die ich als junger Mann kannte, und die Kinder, mit denen ich gespielt habe, hörte ihr Lachen und die Stimme meiner Mutter. Ich war mir der Schmerzen in meiner Hand nicht bewußt.

Ihr seht, mein Geist war woanders. Ohne Geist gibt es keinen Schmerz. Wenn ihr den Schmerz besiegen könnt, wird eure innere Haltung in bezug auf andere Dinge, die weniger unangenehm als körperlicher Schmerz sind, bereichert.«

Einige Tage nach dem Besuch bei Lee mußte ich wegen einer Routinesache zum Zahnarzt. Der Doktor wollte mir eine Betäubungsspritze gegen die Schmerzen geben. Ich erinnerte mich an Lees Worte und entschloß mich, diese Technik auszuprobieren und die Arbeit ohne Anästhesie ausführen zu lassen.

Ich bat um ein paar Minuten zur Vorbereitung, begann meine Atmung zu regulieren und fixierte meine Augen und meinen Geist auf eine Stelle an der Decke, genau wie Lee gesagt hatte. Nach ein paar Minuten war der Zahnarzt fertig, und ich hatte nicht einmal gemerkt, daß er an der Arbeit gewesen war.

Kürzlich machte ich eine weitere Erfahrung, die Lees Methode bestätigte. Ich hatte mir einen Muskelriß im Rücken zugezogen, und der Schmerz war so groß, daß ich wie von einer Kugel getroffen zu Boden fiel. Ich weinte vor Schmerz. Dann begann ich den Schmerz selbst zu analysieren. Ich gab ihm Geschmack und Geruch und visualisierte seine Farbe. Obwohl der Schmerz immer noch da war, wurde er rasch weniger intensiv, weil mein Geist sich mit ihm befaßte.

Die Kraft der Konzentration ist stärker als der Schmerz, wenn der Kampfkünstler gelernt hat, sich der Zen-Technik »Geist über Materie« zu bedienen.

MÜHELOSE ANSTRENGUNG

Ein guter Kampfkünstler sollte von jeder Position oder Stellung aus bei seinem Gegner einen Schlag anbringen können, ohne seine Absicht vorher »durchzugeben«. Diese Technik, manchmal als »Zünden« bezeichnet, kann nur gemeistert werden, wenn es vorher keine bewußten Gedanken gab – Gedanke und Handlung müssen eins sein. Bei einer meiner Wing-Chun-Trainingsstunden mit Jim Lau trat er mir gegenüber, mit einem Baseball-Handschuh bewaffnet, und sagte, ich solle einen Schlag anbringen, bevor er seinen Handschuh bewegen könne. Jedesmal, wenn ich einen Schlag abfeuerte, erriet er meine Absicht und bewegte den Handschuh. Obwohl ich die Übung bei entspanntem Körper und Geist begonnen hatte, verkrampfte ich mich bald. Daß er meine Absichten vorausahnen konnte, machte mich sauer. Sogar als er am Schluß den Handschuh fast still hielt, konnte ich keinen Schlag landen.

»Entspann dich«, sagte er. »Hör auf, dich zusammenzureißen. Je weniger du dich anstrengst, desto schneller und kraftvoller wirst du sein.«

Wir machten mit der Übung weiter, bis ich völlig erschöpft war und deshalb total entspannt. Schließlich war es mir völlig egal, ob ich das Ziel treffe oder nicht. Ich sah eine Chance und ließ meine Faust fliegen. Mit einem zufrie-

denstellenden dumpfen Ton landete meine Hand auf dem Handschuh.
»Perfekt«, rief Jim. »Endlich hast du richtig gezündet. Und weißt du, warum? Dein Körper und dein Geist waren entspannt. Du hast dir keine Gedanken mehr darüber gemacht, ob du triffst oder nicht. Gedanken und Wunsch sind es, die der mühelosen Anstrengung im Weg stehen.«
Ich trat wieder zurück und stellte mich in Positur, entschlossen, das Erreichte zu wiederholen. Aber es klappte nicht.
»Du gibst dir zuviel Mühe«, sagte Jim geduldig. »Hör auf, dir Sorgen zu machen.«
»Aber was nützt es mir, treffen zu können, wenn es mir *nichts* ausmacht? Wenn ich treffen *will*, kann ich nicht!«
»Du mußt aufhören, dir Gedanken über das Tun zu machen, und es einfach tun – ohne Anstrengung, ganz natürlich, wie der Schnee von einem Baum fällt oder Wasser aus einer Quelle sprudelt. Wenn du etwas lange Zeit geübt hast, wird es zur zweiten Natur. Sei nicht besorgt um das Treffen des Handschuhs, laß deine Hand fliegen ohne bewußte Anstrengung. Laß es einfach geschehen.«
Erst viele Wochen später konnte ich meine Leistung wiederholen, und wieder passierte es, als ich schon fast aufgegeben hatte und mir alles egal war.
»Aha«, rief Jim. »Jetzt hast du dir wieder keine Gedanken gemacht, und schon ist es passiert. Endlich fängst du an, das Geheimnis zu begreifen. Wenn ich es dir mit Worten gesagt hätte, hättest du nicht begriffen. Das Wissen mußte von innen kommen.«
»Ich weiß es, aber ich weiß es nicht«, sagte ich wahrheitsgemäß.
»Dann werde ich es für dich in Worte fassen«, antwortete er. »Entspannung und Konzentration gehen Hand in Hand. Zuviel Selbstkontrolle jedoch besiegt sich selbst.

Wenn du wirklich entspannst bist und Körper und Unbewußtem gestattest, ihren Teil beizusteuern, dann kann sich Konzentration in mühelose Anstrengung verwandeln.«
»Du hast leicht reden«, sagte ich. »Aber wenn eine Faust gerade unterwegs ist, um sich in meine Nase oder mein Zwerchfell zu bohren, dann ist es nicht leicht, sich keine Gedanken zu machen.«
Jims Kommentar war nur: »Mach dir nicht so viele Sorgen.«
Ein paar Tage später fiel mir beim Tennisspielen ein Phänomen auf, das ich vorher übersehen hatte: Häufig gelang mir bei der Annahme eines Aufschlags, der zu

lang oder nur knapp im Aus war, ein perfekter Return. Bei einem Aufschlag ins Aus bestand ja keine Notwendigkeit, einen guten Schlag anzubringen. Unbekümmert und ohne einen Gedanken zu verschwenden drosch ich deshalb auf den Ball und plazierte in der Regel einen erstklassigen Return. Jetzt erkannte ich, was Jim mir sagen wollte: Was die mühelose Anstrengung blockiert, ist die brodelnde Gedankenküche, der bewußte Versuch, gut abzuschneiden.

Während meiner nächsten Tennisstunden entschloß ich mich, die verkrampfte Anstrengung aufzugeben und jede Lektion als Spiel zu betrachten; ob ich gut war oder nicht, war unwichtig. Als ich aufhörte, mich anzustrengen, geschah es. Ich hatte den Durchbruch geschafft.

Später übertrug ich das gleiche Prinzip auf meine berufliche Arbeit. Obwohl ein scheinbar kaum zu erfüllendes Arbeitspensum auf mich wartete, sagte ich mir: »Zur Hölle damit, ich tu's einfach.« Meine Aufmerksamkeit war konzentriert, aber geistig und körperlich war ich entspannt. Ich absolvierte mein Pensum in kürzerer Zeit und mit weniger Anstrengung, als ich für möglich gehalten hätte. Ohne die Gedanken und Sorgen über die Aufgabe, die vor mir lag, konnte ich sie unbehindert angehen. Anstrengung ohne Mühe.

Der Geist eines vollkommenen Menschen ist wie ein Spiegel. Er hält nichts fest. Er reflektiert, aber hält nicht fest. Deshalb kann der vollkommene Mensch handeln ohne Anstrengung.

Chuang Tse

Je weniger Du Dich anstrengst, desto schneller und kraftvoller wirst Du sein.

Jim Lau

MACHE DIR DIE ANGST ZUM FREUND

Es war nur ein nackter Fuß, aber ich konnte ihn nicht daran hindern, ständig auf meinem Körper zu landen. Mein Atem ging mühsam, und meine Arme und Beine fühlten sich an wie Bleigewichte. Jedesmal, wenn ich mich bewegte, schien der Fuß eine Gelegenheit zu finden, mit einer Kraft zuzustoßen, die mir den Atem raubte. Wenn ich nicht aufpaßte, würde er vielleicht meinen Kiefer ausrenken oder gar brechen. Mein Gegner hatte natürlich auch Hände, aber seine Füße waren es, die ich fürchtete. Nach dem Match war ich völlig entkräftet. Mein Mund war trocken, und ich schwitzte aus allen Poren. Meister Han, der das Kumite beobachtet hatte, rief mich zu sich. Ich ging zu ihm hinüber, verbeugte mich und wartete schweigend seinen Kommentar ab.

»Im Dojang kannst du nicht vor der Angst davonlaufen«, sagte er. »Tatsächlich ist er der beste Ort, um zu lernen, sich der Angst zu stellen. Meistens machen wir uns unsere Ängste selber, und das gilt besonders, wenn wir mit einer ungewohnten Situation konfrontiert werden, die unser Selbstvertrauen erschüttert. Und genau das ist dir heute passiert.«

Plötzlich und ohne Vorwarnung schoß sein Fuß vom

Boden auf meinen Kopf zu. Ohne nachzudenken, flogen meine Hände in Abwehrstellung, und ich machte einen weiten Schritt zurück außer Reichweite.
»Nicht bewegen!« befahl er. »Ich werde dich nicht treffen.«
Wieder schnellte sein Fuß in die Höhe und stoppte um Haaresbreite vor meinem rechten Kiefer, tauchte dann blitzschnell an der linken Seite auf. Ich hörte das Krachen seiner Gi-Hosen, während sein Fuß meine Nasenspitze haarfein touchierte. Ich zitterte, aber ich hatte mich nicht bewegt.
»Gut«, sagte er. »Bleib ruhig und gefaßt und sei sicher, daß dir keine Gefahr droht.«
Ich tat wie geheißen. Während der nächsten Augenblicke hörte ich nur das Knallen seines Gi, während sein Fuß um meinen Körper herumpeitschte, ohne mich zu berühren.
»Du mußt Selbstvertrauen entwickeln, um mit der Angst umgehen zu können«, sagt er. »Jedesmal, wenn du kommst, werde ich einen Schüler bei dir Fußstöße ohne Kontakt üben lassen. Stehe still und reagiere nicht, bis du mit der Angst vor einem Treffer vertraut bist und Selbstvertrauen entwickelt hast. Nach und nach wirst du keine Angst mehr haben. Das verspreche ich dir.«
Er verbeugte sich und deutete damit das Ende der Lektion an. Später, als ich schon in Straßenkleidung war und gerade gehen wollte, winkte mich Meister Han in sein Büro.
»Ich werde dir eine Geschichte erzählen«, sagte er. »Als ich noch ein Junge war und in Korea aufwuchs, hatte ich große Angst vor den wilden Tigern, die dort leben. Mein Meister wußte um meine Furcht. In der ersten Zeit meines Kampfkunst-Trainings beauftragte er mich, während der Meditation den Kampf mit einem Tiger zu visualisieren. Anfangs hat mich der Tiger immer besiegt. Doch dann

besuchte ich regelmäßig den Zoo von Seoul, studierte die Tiger und machte mich mit ihren Gewohnheiten und Bewegungsabläufen vertraut. Nach und nach merkte ich, daß der Tiger zwar ein wirklich furchterregendes, aber mit Schwächen behaftetes Tier ist: Die Mobilität seiner Kiefer ist eingeschränkt, und er verläßt sich hauptsächlich auf die Kraft der Hinterbeine, um seine Beute zu zerreißen. Ich begann, Strategien für meine geistigen Kämpfe mit dem Tiger zu entwickeln, um Wege zu finden, seine Schwächen in meinen Vorteil zu wandeln. Schon bald gewann ich gelegentlich ein Scharmützel, und meine Angst vor Tigern verschwand allmählich.«
Meister Han lächelte und deutete auf die Wände in seinem Büro. »Sie sehen, die Wände hier sind voll mit Bildern von Tigern. Wenn ich allein bin, studiere ich eines der Bilder und stelle mir vor, ich würde mit dem Tier kämpfen. Manchmal gewinne ich, manchmal verliere ich. Aber ich habe keine Angst mehr, weil sie mir jetzt vertraut sind. In der Hitze des Gefechts bleibe ich gelassen, und so soll es auch sein, denn ich habe herausgefunden, daß Angst ein Schatten ohne Substanz ist.«

Viele Wochen lang brachten Meister Hans Schüler ihre Fußstöße bei mir an, bevor ich erkannte, daß ich mich meistens selbst erschreckte, wenn ich Angst hatte, und daß meine Ängste nur ein Aspekt einer Situation waren, die genausogut ohne Aufregung betrachtet werden konnte. Als ich die Tatsache akzeptieren konnte, daß ich mir selbst angst machte, ließ die Angst nach. Mein Mangel an Selbstvertrauen war die Ursache des Problems.

Jetzt, wo ich einige meiner Ängste überwunden habe, weiß ich, daß es besser ist, sich einer angsterregenden Situation zu stellen, statt sie zu ignorieren, und zu akzeptieren, daß es völlig in Ordnung ist, Angst zu haben. Vor längerer Zeit beispielsweise hatte ich eine emotionale Konfrontation, vor der mir graute, immer wieder vor mir hergeschoben. Als ich ihr schließlich nicht länger ausweichen konnte, begann ich mir vorzustellen, in welcher Form sie wohl ablaufen könnte. Ich stellte mich meinen Ängsten und begann sie zu analysieren. Was war das Schlimmste, das zur Sprache kommen könnte, und wie würde ich darauf reagieren?

Nachdem ich einige Zeit lang alle Möglichkeiten visualisiert hatte, verringerten sich meine Ängste auf ein normales Maß. Schließlich war ich zu der Begegnung bereit. Natürlich lief dann alles viel glatter, als ich befürchtet hatte.

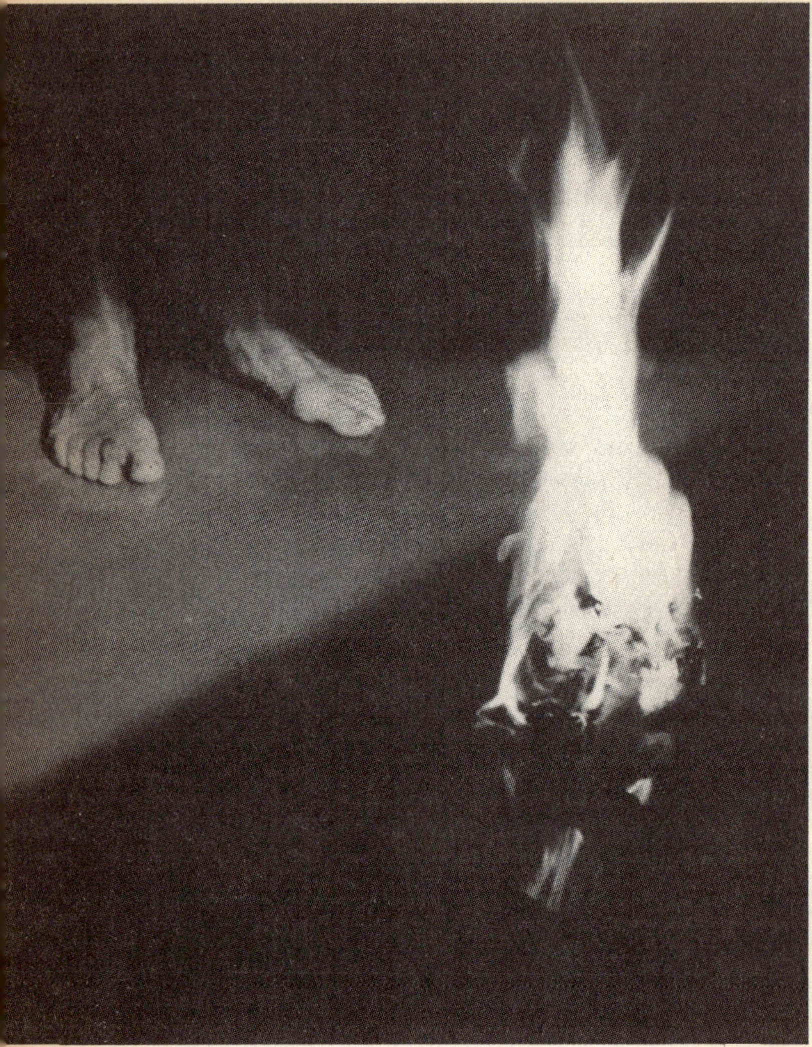

DAS AUGE DER ZUVERSICHT

Daß der Geist bei allem Tun ein starker Einflußfaktor ist – auch bei den Übungen, die ein Maximum an Körperkraft zu erfordern scheinen –, ist eine der ersten Lektionen, die man im Dojo lernt. Als ich zum ersten Mal vor einem Ziegel stand, den ich mit meiner Handkante durchschlagen sollte, war ich sicher, daß nicht der Ziegel, sondern meine Hand brechen würde. Ich teilte Pat Strong, meinem alten Lehrer und Freund, meine Befürchtungen mit.

»Ich möchte, daß du mehrere Schläge auf den Ziegel andeutest«, sagte er. »Denk dir dabei: ›So werde ich ihn durchschlagen.‹ Visualisiere dann die Unterseite des Ziegels. Ignoriere die Oberfläche, denk nur an seinen Boden. Wenn du bereit bist, befreie deinen Geist von allen anderen Gedanken, mit Ausnahme der Vorstellung, wie deine Hand durch den Ziegel gleitet.«

Dann bildete er mit dem Ziegel und zwei anderen eine kleine Brücke. Ich kniete vor den Ziegeln und ließ meine Hand langsam herabsinken, stoppte vor der Oberfläche des Ziegels und stellte mir dabei vor, wie meine Hand unten wieder herauskommt. »Jetzt!« rief Pat. Zu meiner Überraschung zerteilte ich den Ziegel sauber in zwei Hälften, mir kaum bewußt, daß ich es getan hatte.

Ich fand bald heraus, daß fast alle erfolgreichen Sportler diese Visualisierungstechnik anwenden. In dieser Zeit schrieb ich gerade mit Billie Jean King an einem Buch über Tennis, und ich fragte sie, warum sie während eines Matches gerade in heiklen Situationen kaum Doppelfehler mache. »Vor dem zweiten Aufschlag visualisiere ich einfach, daß er reingeht«, sagte sie. »Ich erlaube mir nicht für eine Sekunde den Gedanken an einen Doppelfehler.«

Aber was ist, wenn negative Gedanken in den Geist eindringen? Während einer meiner Trainingsstunden mit Bruce Lee war ich in Gedanken bei einem Brief, den mir ein Verleger geschickt hatte. Er bat mich, mehrere Kapitel eines Buches umzuarbeiten, auf das ich schon viel Zeit verwendet hatte. Ich war niedergeschlagen und überzeugt, daß das Buch nicht erscheinen könne. Bruce merkte sofort, daß ich abgelenkt war, und erkundigte sich nach dem Grund. Ich erzählte ihm, was mir im Magen lag.
»Der Geist ist wie ein fruchtbarer Garten«, sagte Bruce. »Da wächst alles, was du säen möchtest: schöne Blumen oder Unkraut – erfolgversprechende, gesunde Gedanken oder negative, die wie Unkraut die anderen ersticken und überwachsen. *Laß nicht zu, daß negative Gedanken in deinen Geist eindringen, denn sie sind das Unkraut, das dein Selbstvertrauen erstickt.«*
»Gut und schön«, sagte ich, »aber die Gedanken sind nun mal da. Wie kann ich sie loswerden?«
»Ich werde dir das Geheimnis verraten, wie ich meinen Geist von negativen Gedanken befreie«, sagte Bruce. »Wenn solche Gedanken meinen Geist betreten, dann stelle ich mir vor, sie wären auf ein Stück Papier geschrieben. Dann visualisiere ich, wie ich das Stück Papier zu einem festen Ball zusammenknülle. Als nächstes zünde ich den Papierball an und schaue zu, wie er zu Asche verbrennt. Der negative Gedanke ist zerstört und wird nie wieder in meinen Geist eindringen.«

»Toll!« sagte ich. »Aber wie kann ich das Selbstvertrauen entwickeln, um diese Arbeit zu erledigen?«

»Dadurch, daß du statt Versagen Erfolg visualisierst, daß du überzeugt bist, ›ich kann es schaffen‹, statt ›es klappt nicht‹. Negative Gedanken können dich nur dann überwältigen, wenn du ihnen Raum läßt und ihnen *gestattest,* dich zu bezwingen.«

Ich erkannte, daß mich tatsächlich negative Gedanken fest im Griff gehalten hatten, obwohl meine Vernunft mir sagte, daß die Aufgabe erfüllbar sei. Ich war gar nicht auf den Gedanken gekommen, die Aufgabe als schon gelöst, die Arbeit als schon erledigt zu visualisieren, wie Bruce vorgeschlagen hatte. Auch hatte ich nicht durch das Problem »hindurchgedacht«, wie Pat Strong es mir mit dem Ziegel vorführte. Als ich dieses Mal mit der Überarbeitung begann, hielt ich den Gedanken an ein erfolgreiches Beenden an erster Stelle in meinem Kopf und kam rasch zu Ende damit.

Kampfkünstler wenden die Technik des Visualisierens in vielen Situationen an. Kürzlich plante der Karate-Lehrer Sam Brodsky eine Demonstration für seine Schüler. Mit einem Faustschlag wollte er neun eineinhalb Zentimeter dicke Betonplatten durchbrechen.

Die Platten waren auf dem Boden aufgeschichtet, und Brodsky nahm eine halbkniende Stellung vor ihnen ein. Zwei angedeutete Schlagbewegungen – dann holte er tief Luft. Mit einem ohrenbetäubenden *»Kiai!«* (Auspressen des Atems) ließ er seine Faust auf die Platten niedersausen. Alle bis auf die letzten beiden zerbrachen. Nach dem Applaus sah ich, wie Brodsky blaß wurde und seine Schüler einem Assistenten übergab.

Ich fand ihn im Umkleideraum, wo er bestürzt seine Hand untersuchte. Sie war deutlich erkennbar verletzt. Obwohl er sicherlich Schmerzen hatte, ließ er sich nichts anmerken. Er verließ uns mit den Worten: »Ich gehe besser zum Arzt.«

Später erfuhr ich, daß er viele der kleinen Knochen in seinen rechten Handknöcheln pulverisiert hatte. Die Ärzte nannten den Schaden eine »versetzte Fraktur« und entschlossen sich zu einer Operation. Nach dem Eingriff wurde Brodskys Hand mit Drähten zusammengefügt, und man teilte ihm mit, daß es fünfzehn bis achtzehn Wochen dauern würde, bis der Heilungsprozeß einsetzt. Die Ärzte sagten, daß er vielleicht erst nach einem Jahr seine Hand wieder gebrauchen könne, und dann auch nur teilweise.

Brodsky, der die Kampfkünste in Korea und Japan studiert hatte, ist überzeugt, daß der Schlüssel zum Heilungsprozeß im Geist liegt. In der Nacht, in der er mit eingegipster Hand aus dem Krankenhaus zurückkehrte, lag er mit geschlossenen Augen im Bett und stellte sich vor, seine Hand sei eine Baustelle.

Hier ist seine Geschichte: »Als ich im Bett lag, stellte ich mir das Heulen einer Sirene vor und visualisierte einen Trupp kleiner Männer, die mit Mörtel, Zement und Schweißgeräten in meinen Gipsverband einsteigen, um mit dem Wiederaufbau meiner Hand zu beginnen. Die Männer hatten Arbeitsanzüge in verschiedenen Farben, Schutzhelme und sogar Slogans auf ihren T-Shirts. Ich konzentrierte mich so sehr auf ihre Kleidung, auf ihre Werkzeuge und Ausrüstung, daß ich den Schmerz vergaß. Dann schlief ich ein.

Am nächsten Morgen wachte ich auf und stellte mir vor, wie die Sirene wieder heulte – als ob die kleinen Männer eine volle Nachtschicht gearbeitet hätten, um die Knochen in meiner Hand zusammenzuflicken.

Dreieinhalb Wochen lang hörte ich jede Nacht vor dem Schlafengehen das Heulen dieser Sirene und ›sah‹ die

kleinen Männer bei der Arbeit an meiner Hand. Sie hatten Flaschenzüge mit Kupplungen und Klammern an den Knochen angebracht.
Zwei Wochen später ging ich zu meinem Arzt. Er entfernte den Gipsverband und sagte, daß der Heilungsprozeß ›erstaunlich‹ gut verlaufe, daß aber meine Knöchel aneinander festgebacken seien. Ich würde eine steife Hand bekommen. Er legte meine Hand in eine Schlinge und schickte mich nach Hause.
Von diesem Augenblick an stellte ich mir jede Nacht die gleichen Männer vor, wie sie an meiner Hand arbeiteten. Aber nun hatten sie eine andere Ausrüstung. Jetzt arbeiteten sie mit Feilen, Öl, Graphit und anderen Materialien zum Schmieren und Glätten. Sie begannen, meine Knöchel abzufeilen und sandzustrahlen. Als ich sieben Wochen später wieder meinen Arzt besuchte, sagte er, daß ein ›Wunder‹ geschehen sei. Die Heilung, für die ein Jahr veranschlagt war, hatte nur zehn Wochen gedauert.«
Sechs Monate, nachdem seine Hand verheilt war, wiederholte Brodsky die Demonstration vor seinen Schülern, und diesmal zerbrachen alle Platten.

Im letzten Winter benützte ich Brodskys Technik des Visualisierens, um eine schwere Lungeninfektion in den Griff zu bekommen. Drei Tage lang stellte ich mir morgens und abends einen Schneeräumer vor, der durch meine Bronchialäste fährt, die Verstopfung beseitigt und die Kanäle öffnet. Ich übte mich darin, mich selbst als gesund zu sehen, und schon bald war ich es auch wieder.

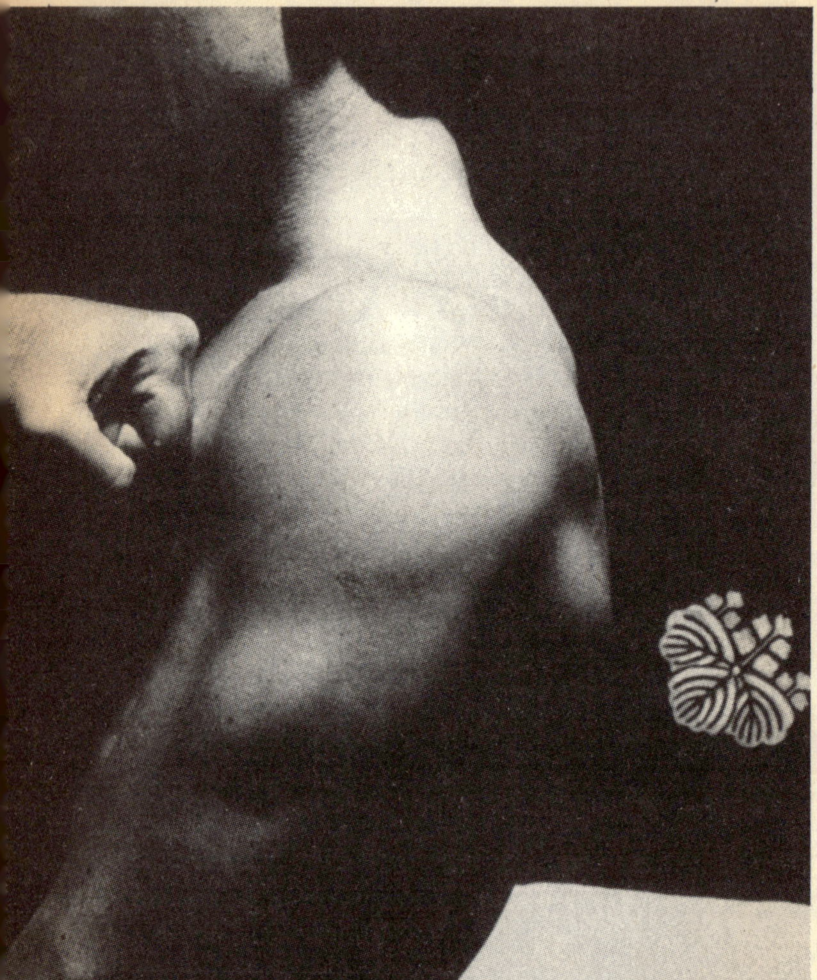

DIE KRAFT DER KONZENTRATION

Bruce Lee war nur 1,68 Meter groß und wog weniger als 66 Kilogramm, doch die Kraft, die er aufbringen konnte, war unglaublich. Eine seiner Lieblingsdemonstrationen von Kraft war sein »Zwei-Zentimeter-Schlag«. Dabei hielt er seine Hand nur zwei Zentimeter von der Brust eines Mannes entfernt, der viel größer und schwerer war als er. Bruce brachte es fertig, den Mann entweder zu Boden zu schlagen oder rückwärts zu schleudern.

Eines Tages trainierten wir gerade in meinem Garten, als ein Bekannter, der von Bruce gehört hatte, zu Besuch kam, um bei uns zuzuschauen. Mein Bekannter war ein Judo-Schwarzgurt und gleichzeitig Gewichtheber. Schweigend beobachtete er uns einige Minuten lang. Weil der junge Meister äußerlich nicht viel hermachte, beschloß er, Bruce zu testen. Zwar sei er von seiner Schnelligkeit beeindruckt, aber er mache sich Gedanken, wieviel Kraft wohl in seinen Bewegungen stecke.

»Genug für den Job«, sagte Bruce gelassen.

Mein Bekannter war wild entschlossen, Bruce herauszufordern, und als das Training zu Ende war, brachte er die Sprache wieder auf das Thema Kraft.

Bruce bat meinen Bekannten, sich etwa fünf Meter vom Schwimmbecken entfernt aufzustellen.

»Machen Sie sich bereit«, sagte Bruce, während er seine

Hand mit ausgestreckten Fingern auf die muskulöse Brust meines Bekannten legte. »Ich werde meine Hand jetzt zur Faust schließen und Sie zu Boden werfen.«
»Keine Chance«, sagte mein Bekannter, der sich trotzdem bereit machte.
Bruce schloß ganz plötzlich seine Finger zur Faust – eine Bewegung von vielleicht einem halben Zentimeter –, und mein Bekannter flog rückwärts in den Pool.
Als er tropfnaß wieder aus dem Wasser kam, fragte er nur unterwürfig, ob er mein Bad benützen könne, um sich abzutrocknen.
Ich folgte ihm ins Haus und fand ihn am Rand der Badewanne sitzend, wo er nach Luft ringend seine Brust untersuchte. »Ich fühle mich wie vom Hammer getroffen«, sagte er. »Ich hätte das nicht für möglich gehalten.«
Später fragte ich Bruce, wie er es denn angestellt habe.
»Ich entspanne mich, bis ich jeden Muskel meines Körpers aktiviert habe, und konzentriere dann alle Kraft in meine Faust«, sagte er. »Um große Kraft aufzubringen, mußt du zuerst völlig entspannt sein und deine Kraft sammeln, dann konzentriere deinen Geist und alle deine Kraft darauf, dein Ziel zu treffen.«

Wieder versuchte ich, das Prinzip gerichteter Konzentration auf mein Tennisspiel anzuwenden. Beim Aufwärmen bin ich normalerweise ein wenig verkrampft. Ich machte deshalb eine bewußte Anstrengung, mich zu entspannen und alle meine Kraft zu sammeln, bis zu dem Augenblick, wo ich Kontakt mit dem Ball haben würde. Dann konzentrierte ich mich nur noch darauf, den Ball richtig zu schlagen, und hielt meinen Geist auf den Punkt gerichtet, wo der Ball auftreffen sollte. Der Ball verließ meinen Schläger mit unglaublicher Geschwindigkeit und flog genau dorthin, wo ich ihn haben wollte. Es war der beste

Schlag, den ich jemals gemacht hatte. Und immer dann, wenn ich mich an Bruces Demonstration konzentrierter Kraft erinnerte, konnte ich ihn wiederholen.

Bei einem Spaziergang mit einem seiner Schüler deutete ein Zen-Meister auf einen Fuchs, der ein Kaninchen jagte.
»Eine alte Fabel sagt, daß das Kaninchen dem Fuchs entkommen wird«, sagte der Meister.
»Nein«, antwortete der Schüler. »Der Fuchs ist schneller.«
»Trotzdem, das Kaninchen wird entkommen«, beharrte der Meister.
»Warum seid Ihr so sicher?« fragte der Schüler.
»Weil der Fuchs um sein Mittagessen läuft, das Kaninchen aber um sein Leben«, antwortete der Meister.

ZAHLREICHE ALTERNATIVEN

Mas Oyama ist Koreaner und lehrt in Tokio Karate. Obwohl erst fünfundvierzig Jahre alt, ist Oyama ein Meister unter Meistern, und viele halten ihn für den größten heute lebenden Kampfkünstler. Seine Taten sind Legende. Um Selbstdisziplin, Ausdauer und Körperkräfte zu entwickeln, verbrachte er eineinhalb Jahre allein in der verlassenen Bergwelt Japans, machte 2000 Liegestütze täglich und hämmerte seine Fäuste gegen Bäume, bis sie bluteten. Um seine Konzentrationskraft zu entwickeln, saß er unter einem eiskalten Wasserfall und meditierte über Zen-Koans (Fragen, die nicht durch rationales Denken beantwortet werden können), was einen Zustand mentaler Spannung erzeugt, der zur Erleuchtung führen kann.
Oyama kann seine Handkante durch ein Dutzend Dachziegel führen, so mühelos, wie ein Holzfäller mit seiner Axt einen Ast entfernt. Ich habe einen Film gesehen, in dem er es allein mit einem Stier aufnahm und das gewaltige Tier mit zwei Schlägen zu Boden streckte. Der erste halbierte eines seiner Hörner, der zweite traf ihn mitten am Kopf und betäubte ihn.
Er ist wie ein Buddha – massig, fest, beständig und eins mit sich selbst und seiner Umwelt. Die Landschaft seiner Gesichtszüge ist eben, heiter und milde, mit einem Anflug von Lächeln um seine Mundwinkel. Man gewinnt bei ihm

den Eindruck, daß er alles hört und alles versteht. Meist schweigt er, sitzt still, seine Hände ruhen auf den Oberschenkeln. Diese heitere Gelassenheit besänftigt jeden in seiner Gegenwart. Als er nach den Quellen seiner inneren Ruhe gefragt wurde, gab Oyama eine indirekte Antwort wie viele der Antworten von Zen-Meistern:

»Karate ist kein Spiel. Es ist kein Sport. Es ist nicht einmal eine Technik der Selbstverteidigung. Karate ist zur Hälfte eine körperliche, zur anderen Hälfte eine spirituelle Disziplin. Der Karateka, der die erforderlichen Jahre der Übung und Meditation hinter sich hat, ist ein heiterer und friedlicher Mensch. Er hat keine Furcht. Inmitten eines brennenden Hauses bleibt er gelassen.«

Viele Jahre habe ich nun mit Kampfkünstlern verbracht, und heute glaube ich, die tiefere Bedeutung von Oyamas Worten verstanden zu haben. Dieser innere Frieden kann sich nur einstellen, wenn man bei allem, was man tut, mit allen Kräften bei der Sache ist – im Bewußtsein, daß man alle seine Fähigkeiten ausgeschöpft hat. Oyama hat die äußersten Grenzen seiner geistigen und körperlichen Fähigkeiten ausgelotet, deshalb kann ihn nichts mehr entnerven oder bekümmern.
Wenn Oyama Karate macht, hat man das Gefühl, daß er in Erfahrung, Vortrefflichkeit und Selbsterkenntnis eingehüllt ist. Er ist niemals befangen wegen seiner Darbietung, weil er sich stets in einem Land bewegt, das er bis zu seinen fernsten Grenzen erforscht hat.
In ihm sind der Zen-Meister und der Meister der Kampfkünste vereint. Sein entrückter Gleichmut macht ihn fähig, rationale Entscheidungen auf der Basis vieler möglicher Alternativen zu treffen, selbst im Angesicht lebensbedrohlicher Gefahren.
Wie viele andere Meister, die ihr Leben den Kampf-

künsten gewidmet haben, lernte auch Oyama, daß es mannigfaltige Wege gibt, um einen Angriff auf der Matte zu begegnen, genau wie es auch in jeder Lebenssituation viele Handlungsalternativen gibt. Oyama ist gelassen, seiner selbst und seiner Fähigkeiten sicher. Deshalb kann er ebenso leicht mit Kraft wie mit Sanftheit reagieren.

Meine eigenen Erfahrungen auf der Matte haben mir gezeigt, daß es Dinge gibt, bei denen ich etwas ausrichten kann, und andere, bei denen ich nichts tun kann. Ich habe gelernt, die Alternativen mit einer Art losgelöstem Gleichmut zu betrachten, eine vernunftbestimmte Entscheidung zu treffen und sie dann auch zu verwirklichen.

Selbst inmitten eines Erdbebens würde ein Kampfkünstler Ruhe und Sinn für das rechte Maß bewahren. Beim ersten Zittern der Erde würde er sich fragen: »Ich bin in ein Erdbeben geraten. Was ist jetzt der beste Weg? Soll ich mich unter einen Hauseingang stellen? Soll ich nach draußen laufen? Soll ich bleiben, wo ich bin?« Wenn er sich dann entscheidet, dann würde er das in aller Ruhe tun, weil seine Entscheidung auf Vernunft beruht. Wie auch immer die Entscheidung ausfällt, er würde auf die realen Fakten einer Situation reagieren und nicht auf seine eigene Einbildung oder die vermeintliche Bedrohlichkeit der Situation. Der amerikanische Karate-Meister Ed Parker vergleicht diesen Zustand inneren Friedens mit einem »Geist wie stilles Wasser« (*Miso no koro*).

Wie erreicht man einen »Geist wie stilles Wasser«? Man lernt, sich vom Fluß des Lebens, vom Strom des Seins tragen zu lassen. Wenn ein unwillkommenes Ereignis in Ihr Leben tritt, reagieren Sie ohne Hast oder Leidenschaft. Verharren Sie einen kurzen Moment, bevor Sie handeln oder reagieren, und betrachten Sie die Alternativen. Wenn Sie sich dann für ein bestimmtes Vorgehen entschieden haben, gehen Sie es gelassen an.

KAMPFKUNST OHNE ZEN

Vor nicht allzulanger Zeit beobachtete ich einen Streit zwischen zwei hochrangigen Kampfkünstlern. Der eine von beiden war ein Lehrer mit eigenem Dojo, der andere war früher sein bester Freund gewesen, bis er sich entschlossen hatte, seine eigene Schule zu eröffnen. Im Verlauf der Neugründung nahm er mehrere Schüler aus dem Dojo seines Freundes mit.

Als guter Bekannter beider Männer war ich über ihre irrationalen Feindseligkeiten untereinander erstaunt. Da war die Rede von Rachefeldzügen zwischen den Schulen, persönlichen Konfrontationen, gegenseitigen Beschuldigungen und Schwüren ewiger Feindschaft. Alle Beteiligten benahmen sich wie verzogene Kinder – für mich ein Zeichen, daß man ein Meister der Kampfkünste sein kann, ohne den Geist des Zen erfaßt zu haben.

Hier scheint nun ein Widerspruch zu vielem zu liegen, was ich bisher in diesem Buch geschrieben habe, aber die schlichte Wahrheit ist, daß die körperlichen Techniken der Kampfkünste erlernt werden können, ohne die spirituellen oder philosophischen Wurzeln der Künste zu begreifen oder zu absorbieren. Andererseits ist es auch möglich, die spirituellen Regeln des Zen in den Kampfkünsten anzuwenden, ohne sich mit den Künsten selbst zu beschäftigen.

Ich bin überzeugt, daß man aus jeder Aktivität, mit der man gerade befaßt ist, viel über Zen lernen kann, wenn man sich selbst seiner Reaktionen bewußt bleibt. Der Schlüssel ist konstantes Üben von Wahrnehmung, Wachsamkeit des Geistes und körperlicher Entspannung. Die Anwendung der Zen-Prinzipien auf der Matte und im Alltag befreit einen von den Sorgen, der Verkrampfung und der Angst um Sieg oder Niederlage.
Seit ich vor vielen Jahren mit dem Studium der Kampfkünste begonnen habe, habe ich kleinere und auch größere Veränderungen in meiner Lebenshaltung und meinen Handlungen bemerkt. Auch meine übrigen sportlichen Aktivitäten haben davon profitiert. In bin ein besserer Tennisspieler geworden, weil ich den Ball treffen kann, ohne zu denken, weil ich meinen Körper loslassen kann und mir erlaube, mich sowohl körperlich als auch geistig zu entspannen. Ich laufe besser, weil es mir inzwischen gleich ist, wie lange oder wie schnell ich laufe.
Auch meine Haltung gegenüber dem Beruf hat sich gewandelt. Vor Jahren noch verschwendete ich zu viele Gedanken auf meine Aufgaben, grübelte zu lange, schob schwierige Dinge vor mir her, wartete auf die richtige Stimmung oder auf das Fließen der schöpferischen Kräfte. Heute erfülle ich meine Aufgaben einfach, ohne bewußte Anstrengung. Es fließt, weil die Arbeit und ich selbst eins sind und nicht im Konflikt miteinander stehen.
Das Studium von Zen in den Kampfkünsten hat auch geholfen, mein Privatleben zu verändern. Mein Leben ist gelassener, reicher und erfüllter geworden. Ich habe jetzt mehr Geduld, mehr Toleranz für andere und mehr Selbstvertrauen. Ich fühle mich als besserer Vater, Ehemann und Freund. Ich habe viel von der Reizbarkeit und Kampflust verloren, die meiner inneren Unsicherheit entsprangen.
Natürlich ist es auch heute noch so, daß ich ein Spiel oder

eine Auseinandersetzung lieber für mich entscheide oder daß meine Bewerbung um einen Auftrag angenommen wird. Aber wenn nicht, dann bin ich heute ein besserer Verlierer und akzeptiere Niederlagen als wertvollen Teil des Lernprozesses im Leben.

> Ein Mensch kommt zart und nachgiebig
> zur Welt.
> Bei seinem Tod ist er hart und starr.
> Grüne Pflanzen sind weich und voller
> Lebenssaft.
> Bei ihrem Tod sind sie verdorrt und
> trocken.
> Daher ist das Starre und Unbeugsame der
> Schüler des Todes.
> Das Weiche und Nachgiebige ist der
> Schüler des Lebens.
> So gewinnt eine Armee ohne Flexibilität
> niemals eine Schlacht.
> Ein Baum, der starr ist, wird leicht
> gebrochen.
> Das Harte und Starke wird vergehen.
> Das Weiche und Nachgiebige wird
> fortdauern.
>
> *Lao Tse*

KARATE OHNE WAFFEN

Meister haben schon zahlreiche Bücher über Karate geschrieben. Vom berühmtesten unter ihnen, Gichin Funakoshi, stammt meiner Meinung nach das beste. Mit fast neunzig Jahren schrieb er seine Autobiographie, *Karate-Do – Mein Weg.*

Funakoshi enthüllt darin das wahre Wesen des Karate. Er erzählt von seinen eigenen berühmten Lehrern, von ihrer Meisterschaft in der Karate-Technik und ihrem Verhalten in kritischen Alltagssituationen.

Eine meiner Lieblingsgeschichten daraus handelt von einem seiner Lehrer, Meister Matsumura. Die Erzählung beginnt vor einigen Jahrzehnten in dem japanischen Ort Naha auf Okinawa, im kleinen Laden eines Graveurs, der zugleich der örtliche Karate-Meister war. Der Graveur war ein Riese von einem Mann, mit Muskelpaketen, die die kurzen Ärmel seines Kimonos sprengten. Er hatte gerade erst die Dreißiger hinter sich gelassen und stand in der Blüte seiner Jahre.

Eines Tages betrat Matsumura den Laden des Graveurs. Obwohl er nicht so eindrucksvoll aussah wie der Graveur, gab Matsumura, der allenfalls gerade die Dreißig erreicht hatte, ebenfalls eine imponierende Figur ab – hochge-

wachsen, mit stechenden, schwarzen Augen. Aber seine Stimme war sanft, als er den Graveur bat, ein Muster in den Messingkopf seiner Pfeife einzugravieren.
Der Graveur sah den Besucher an: »Ich bitte um Verzeihung, Herr«, sagte er, »aber sind Sie nicht Matsumura, der Karate-Lehrer?«
»Ja«, sagte Matsumura, »weshalb?«
»Es heißt, Sie sind der beste Karate-Lehrer im ganzen Land. Sie unterrichten sogar das Oberhaupt des Klans, nicht wahr?«
»Stimmt«, sagte Matsumura mit Bitterkeit in der Stimme, »aber jetzt nicht mehr. Und um die Wahrheit zu sagen, hängt mir Karate zum Halse heraus.«
»Das verstehe ich nicht«, sagte der Graveur. »Jeder weiß, daß Sie der beste Sensei sind, den es gibt. Wenn Sie nicht mehr das Klan-Oberhaupt lehren, wer dann?« Der Graveur bemerkte den niedergeschlagenen Ausdruck in Matsumuras Gesicht und fügte hinzu: »Irgend etwas Schlimmes muß geschehen sein.«
»Sie haben recht«, sagte Matsumura. »Das Oberhaupt des Klans war ein desinteressierter Schüler mit ungeschliffener Technik. Er war es gewohnt, seine Wettkämpfe aufgrund seines Ranges, nicht wegen seines Könnens zu gewinnen. Um ihm eine notwendige Lektion zu erteilen, wies ich ihn eines Tages auf seine Schwächen hin und forderte ihn heraus, mich mit all seiner Kraft anzugreifen. Er begann das Match mit einem doppelten Fußstoß *(Nidan-geri)* – ein schlechter Eröffnungszug, wenn man es mit einem Meister zu tun hat –, und ich wirbelte ihn durch die Luft auf einen sechs Meter entfernten Haufen.
Als er schließlich wieder auf die Beine kam, befahl er, ich solle ihm aus den Augen gehen und erst zurückkehren, wenn nach mir geschickt werde. Es wäre besser gewesen, ich hätte ihm von vornherein kein Karate beigebracht. Die

Wahrheit ist, daß ich überhaupt niemals mit Karate hätte anfangen sollen.«
»Unsinn«, sagte der Graveur. »Jedenfalls, Sie unterrichten ihn nicht mehr, warum versuchen Sie es nicht mit mir?«
»Nein«, sagte Matsumura. »Wie ich schon sagte, habe ich das Lehren aufgegeben, und überhaupt, warum sollte ein solch erfahrener Mann wie Sie bei mir lernen wollen?«
»Ehrlich gesagt, ich bin neugierig darauf, wie Sie lehren«, sagte der Graveur.
»Ich unterrichte kein Karate mehr«, donnerte Matsumura. Die Hoffnung des Graveurs, der frühere Lehrer des Klan-Oberhaupts würde sich mit einem Handwerker befassen, irritierte ihn.
Nach diesem Ausbruch änderte sich die Haltung des Graveurs. »Wenn Sie sich weigern, mich zu unterrichten, werden Sie mir dann auch einen Kampf verweigern?«
Matsumura war verblüfft. »Sie wollen einen Kampf – mit mir?«
»Genau«, sagte der Graveur, »in einem Kampf gibt es keine Rangunterschiede, und da Sie nicht mehr der Lehrer des Klan-Oberhaupts sind, brauchen Sie auch keine Erlaubnis für ein Treffen mit mir.« Stimme und Augen des Graveurs verrieten jetzt einen Hauch Anmaßung. »Und ich kann Ihnen versichern, daß ich besser auf mich aufpassen kann als er.«
»Glauben Sie nicht, daß Sie jetzt ein bißchen zu weit gehen?« fragte Matsumura. »Hier geht es nicht um Verletzungen, das ist eine Sache auf Leben und Tod. Haben Sie die Absicht, zu sterben?«
»Ich bin durchaus bereit, zu sterben«, gab der Graveur bissig zurück.
»In diesem Fall wird es mich freuen, Ihnen zu Diensten zu sein«, sagte Matsumura. »Aber lassen Sie mich zuerst an das alte Sprichwort erinnern: ›Wenn zwei Tiger kämpfen,

dann endet es mit Wunden für den einen und Tod für den anderen.‹«

Als Matsumura merkte, daß seine Worte keine Wirkung zeigten, sagte er: »Bestimmen Sie Zeit und Ort des Kampfes.«

Und so wurde fünf Uhr morgens auf dem Friedhof hinter dem Tama-Palast als Termin für die Begegnung festgesetzt. Zur vereinbarten Zeit trafen sich die beiden Männer. Sie verzichteten auf Förmlichkeiten und standen sich in einer Entfernung von mehreren Metern gegenüber. Der Graveur machte den ersten Zug. Er schloß die Lücke zwischen den beiden um etwa die halbe Distanz – linke Faust in einer *Gedan*-Position, rechte Faust an seiner rechten Hüfte, zum Angriff bereit.

Matsumura stellte sich ruhig in Position, in natürlicher Stellung (*Shisen tai*), das Kinn auf der linken Schulter ruhend. Es war eine Kampfstellung, die scheinbar keinerlei Verteidigungsmöglichkeit bot, und der Graveur bereitete sich auf die Fortsetzung seines Angriffs vor. In diesem Augenblick öffnete Matsumura weit seine Augen und blickte tief in die des Gegners. Obwohl er keinen Muskel bewegt hatte, taumelte der Graveur wie vom Blitz getroffen. Schweiß perlte auf der Stirne des Graveurs und floß an seinen Armen herab. Sein Herz begann zu klopfen. Er fühlte sich matt und setzte sich auf einen nahen Felsen. Lässig tat es ihm Matsumura gleich.

Nach einem kurzen Augenblick rief Matsumura: »Weiter! Die Sonne geht schon auf. Bringen wir's hinter uns!«

Die beiden Männer standen auf, und Matsumura nahm wieder die gleiche Stellung ein. Der Graveur, zum Angriff entschlossen, bewegte sich wieder auf seinen Gegner zu und wurde ein weiteres Mal von einer Kraft zurückgeworfen, von der er später schwor, sie sei aus Matsumuras Augen gekommen.

Der Graveur erkannte, daß der Kampf verloren war, war aber gewillt, wie ein Mann zu sterben. Er stieß ein mächtiges *Kiai!* (Schrei) aus, das schwächere Gegner schon in Furcht und Schrecken versetzt hatte. Aber Matsumura stand regungslos, und wieder wich der deprimierte Graveur zurück.
»Warum greifen Sie nicht an?« fragte Matsumura.
»Ich versteh' das nicht«, antwortete der Graveur. »Ich habe noch nie einen Kampf verloren, aber lieber sterbe ich, als mein Gesicht zu verlieren. Ich warne Sie, ich werde jetzt in *Sutemi* (Kampf bis zum Tod) angreifen.«
»Gut«, sagte Matsumura lächelnd. »Ich warte mit Freuden.«
Plötzlich griff der Graveur mit all dem Können, das er aufbringen konnte, an, aber genau im gleichen Augenblick hob sich ein Schrei aus Matsumuras Kehle. Sein Echo fegte über den Friedhof und rollte von den fernen Hügeln zurück. Wie zuvor der Blitz aus Matsumuras Augen den Graveur gelähmt hatte, so ließ ihn nun das fürchterliche *Kiai!* mitten in der Bewegung erstarren.
»Ich gebe auf!« schrie der Graveur. »Ich war ein Narr, Sie herauszufordern. Es gibt keinen Vergleich zwischen meinem Können und Ihrem.«
»Nein, das ist nicht richtig«, sagte Matsumura freundlich. »Ihr Kampfgeist ist vorbildlich, und ich nehme an, auch Ihr Können ist groß. Hätten wir wirklich die Hände gekreuzt, Sie hätten mich genausogut besiegen können.«
»Sie schmeicheln mir«, sagte der Graveur. »In Wahrheit fühlte ich mich völlig hilflos, als ich Sie anschaute, und jeder Kampfgeist verließ mich.«
»Schon möglich«, sagte Matsumura ruhig. »Aber das lag nur an dem Unterschied zwischen uns. Sie waren entschlossen zu siegen, und ich war genauso entschlossen zu sterben, wenn ich verloren hätte.«

»Hören Sie«, fügte er hinzu, »als ich gestern in Ihren Laden kam, war ich verbittert über den Verweis des Klan-Oberhauptes. Als Sie mich herausforderten, machte ich mir auch darüber Gedanken, aber als wir uns zum Kampf verabredeten, verschwanden alle meine Sorgen. Ich begriff, daß ich von relativ unbedeutenden Dingen besessen war – von der Verfeinerung von Technik, vom Versuch, dem Klan-Oberhaupt zu schmeicheln. Ich war zu sehr mit dem Problem beschäftigt, wie ich meine Stellung halten könnte.

Heute bin ich ein weiserer Mann als gestern. Ich bin ein Mensch, und der Mensch ist ein verwundbares Wesen, das niemals vollkommen sein kann. Wenn er stirbt, kehrt er zu den Elementen zurück – zu Erde, Wasser, Feuer und Wind. Die Materie ist leer. Alles ist eitel. Wir sind wie Grashalme oder Bäume im Wald, Schöpfungen des Universums, des Geistes des Universums. Und der Geist des Universums kennt weder Leben noch Tod. Eitelkeit ist das einzige Hindernis für das Leben.«

Nach diesen Worten schwieg Matsumura. Der Graveur schwieg ebenfalls und dachte über die unschätzbar wertvolle Karate-Lektion nach, die ihm erteilt worden war. Er war von einem Meister besiegt worden, ohne daß ein Schlag gewechselt worden war.

Was Matsumura betrifft, so wurde er bald darauf wieder in seine Stellung als persönlicher Lehrer des Klan-Oberhauptes berufen.

SIEGEN DURCH BESIEGT-WERDEN

Als ich mit dem Studium der Kampfkünste begann, hatte ich einen ständig wiederkehrenden Tagtraum: Meine Frau und ich überqueren eine dunkle Straße und werden von ein paar Strolchen oder Rowdies angepöbelt. Wenn der Anführer der Bande vortritt, mache ich ihn mit Hilfe wohlgesetzter Hiebe und furchterregender Schreie schnell und wirksam unschädlich. In Abwandlungen dieser Phantasie greift mich auch der Rest der Gruppe an, und ich werde auch mit ihnen fertig, oder sie nehmen die Beine in die Hand. Natürlich stehe ich hinterher in den Augen meiner Frau immer als großer Held da.
Fünfundzwanzig Jahre später, als ich schon einige Erfahrung in den Kampfkünsten hatte, kam es zu einer Szene aus dem wirklichen Leben, die ganz anders endete, als ich mir das zusammenphantasiert hatte. Ich hatte gerade meine Frau am internationalen Flughafen von Los Angeles abgesetzt und war in Eile, nach Hause zu kommen. Versehentlich bog ich mit meinem Wagen in eine Einbahnstraße in entgegengesetzter Richtung ein und zwang ein entgegenkommendes Auto zur Vollbremsung. Der Fahrer überschüttete mich mit Flüchen. Ich entschuldigte mich, aber er schwang immer noch seine Tirade und blockierte

meinen Weg. Dann stieg er aus dem Wagen, kam herüber zu meinem Fenster und fuhr mit seiner Schimpfkanonade fort. Ich wiederholte meine Entschuldigung, aber er sagte, er wolle mir eine Lektion erteilen. Ich kletterte hinüber zum Beifahrersitz und stieg dort zur Tür aus, um den Wagen zwischen uns zu bringen.

Als er um das Auto herumkam, wartete ich auf ihn, mit herabhängenden Armen und geöffneten Händen. Ich hatte mich schon entschieden, nicht in Aktion zu treten, es sei denn, er beträte meinen »Kreis«. Er stoppte in etwa fünf Meter Entfernung und studierte mich.

»Ich sagte Ihnen schon, daß es mir leid tut«, sagte ich.

»Ich reiß' Ihnen die Zunge raus und stopf' sie Ihnen in die Kehle«, sagte er.

»Und was würde Ihnen das bringen?« fragte ich ruhig. »Ich bin fast doppelt so alt wie Sie. Es wäre eine ungleiche Auseinandersetzung.«

Er kam langsam näher. Ich verlagerte unmerklich mein Körpergewicht, so daß mein rechter Fuß leicht ausgestellt und mein Gewicht zentriert war. Ich kreuzte meine Hände über der Brust, die Finger meiner rechten Hand berührten leicht mein Kinn. Ich blickte ihn so an, daß ich kein einziges seiner Körpermerkmale fokussierte, aber seines ganzen Körpers voll bewußt blieb. Ich hatte eine klassische »Bereit«-Position eingenommen, von der aus ich mich blitzschnell bewegen konnte. Mein Geist war gelassen, offen und entspannt, und ich vertraute auf meine Fähigkeit, mit allem, was passieren könnte, fertig zu werden.

»Ich mußte voll auf die Bremse latschen, um nicht in Sie reinzuknallen«, sagte er, jetzt ein bißchen weniger aggressiv.

»Es war mein Fehler«, gab ich zu.

»Ja, hmm, okay«, sagte er und ging zu seinem Wagen zurück.

Obwohl ich voll Selbstvertrauen war und bereit, auf einen Angriff zu reagieren, war es unnötig gewesen. Ich hatte mich für einen Fehler, den ich begangen hatte, entschuldigt und so seine Feindseligkeit entschärft. Ich handelte nicht aggressiv und nahm ihm so den Drang, durch einen Angriff auf mich irgend etwas beweisen zu müssen. Ich hatte »durch eine Niederlage gesiegt«.

Ed Parker sagt: »Unsicherheit ist der einzige Grund, warum Menschen kämpfen; einer muß beweisen, daß er besser oder stärker ist als ein anderer. Der Mensch, der seiner selbst sicher ist, muß nichts mit Gewalt beweisen, deshalb kann er sich mit Würde und Stolz aus einem Kampf entfernen. Er ist der wahre Kampfkünstler – ein innerlich so starker Mensch, daß er es nicht nötig hat, seine Kraft zu demonstrieren.

Kernpunkt bei der Meisterung der Kampfkünste ist die Fähigkeit, sich eher einer körperlichen Auseinandersetzung zu entziehen, statt sie zu gewinnen. Aber du wirst mit erhobenem Kopf und Stolz in deiner Haltung gehen, weil du innerlich weißt, wie der Kampf ausgegangen wäre, wenn du ihn gewollt hättest. Und diese Haltung der inneren Gewißheit ist es, die sich deinem Gegenüber mitteilt. Er wird erkennen, daß er nur knapp einer Niederlage entronnen ist.«

Das chinesische Wort für diese Art innerer Gewißheit ist *Sai*, was auch mit »Präsenz« übersetzt werden kann. Sai ist ein Nebenprodukt von Selbstvertrauen und ist in jeder Situation sofort erkennbar. Kampfkünstler, die sich ihrer Fähigkeiten sicher sind, besitzen sie, wenn sie mit bestimmten Situationen konfrontiert werden, wie auch jede andere Person, die ein Profi auf ihrem Gebiet ist, es ausstrahlt.

Selbstvertrauen zu haben heißt jedoch nicht, tollkühn zu

sein. In einer Fernsehshow wurde ich kürzlich gefragt, was ich tun würde, wenn mir jemand ein Messer in die Rippen drückt und mein Geld verlangt. Meine Antwort kam ohne Zögern: »Ich würde es rüberlassen.« Wie Jim Lau sagt: »Es gibt Zeiten, in denen man kämpfen sollte, und es gibt Zeiten, in denen man abhauen sollte.« Ich kenne keinen Kampfkünstler, der sein Leben riskieren würde, um seinen Geldbeutel zu retten.

Eines Tages verkündete Meister Joshu, daß der junge Mönch Kyogen die Erleuchtung erlangt hatte. Einige seiner Mitbrüder waren von dieser Neuigkeit sehr beeindruckt und besuchten ihn.
»Wir haben vernommen, daß du erleuchtet bist. Ist das wahr?« fragten sie.
»Das ist es«, antwortete Kyogen.
»Sag uns«, fragte ein Freund, »wie fühlst du dich?«
»So miserabel wie immer«, antwortete der erleuchtete Kyogen.

Anonym

Hundert Siege in hundert Schlachten zu erringen ist nicht die höchste Kunst. Den Feind kampflos zu unterwerfen, das ist höchste Kunst.

Sun Tsu

EIN WORT DES ÜBERSETZERS

Vielleicht mag es in den USA, dem Heimatland von Joe Hyams, anders sein, aber im deutschen Sprachraum ist es sehr schwierig, einen Meister der Kampfkünste zu finden, der im Geiste dieses Buches lehrt. Meistens stehen bei den verschiedenen Schulen Sport, Kampf und »Selbstverteidigung« als Synonym für die Blähung des eigenen Egos im Vordergrund.

Ich möchte deshalb dem interessierten Leser ein Angebot machen. Auf Wunsch erhalten Sie von mir – auf der Basis meiner eigenen langjährigen Erfahrung mit den Kampfkünsten – Informationen und Adressen von Schulen, in denen die Kunst gelehrt wird als das, was sie sein sollte: als Teilstück eines Weges, an dessen Ende Befreiung von den Fesseln steht, die unser wahres Selbst gefangenhalten.

Schreiben Sie an:

Tom Poppe
Postfach 19 07 23
D-8000 München 19